도구와 기계의 원리

Copyright 2014.
by Editions Nathan- Paris, France.
Editions originale: DOKEO JE COMPRENDS COMMENT CA MARCHE.

이 책의 한국어판 저작권은 NATHAN과 독점 계약한 (주)알에이치코리아에 있습니다.
저작권법에 의하여 한국 내에서 보호를 받는 저작물이므로 무단 전재와 무단 복제를 금합니다.

도구와 기계의 원리

글 세실 쥐글라 · 그림 마리옹 피파레티 외 · 옮김 조은미

주니어 RHK

차례

집안 탐구 — 6

- 열쇠로 어떻게 문을 여는 거지? 8
- 손전등은 어떻게 켜지게? 10
- 스위치를 눌러 불이 켜지는 과정은? 12
- 전기가 우리 집에 들어오기까지! 14
- 진공청소기야, 먼지를 빨아들여라~ 16
- 식료품을 꼭 냉장고에 넣어야 하는 이유는… 18
- 토스터에서 빵이 맛있게 구워지면 띵! 20
- 수돗물이 집에서 콸콸 나오려면! 22
- 화장실의 응가는 어디로 갈까? 24
- 세탁기의 빨래 과정, 파헤쳐 주마! 26
- 휴대 전화로 아빠 엄마가 통화하려면… 28
- 컴퓨터로 뭘 할까? 30

도시 탐구 — 32

- 땅속에는 괴물이 살까? 34
- 커다란 기중기를 움직이려면? 36
- 반듯한 도로를 만들어 볼래? 38
- 앗, 신호등의 빨간불이 켜졌다! 40
- 밤마다 가로등을 켜는 사람은? 42
- 현금 자동 지급기에서 돈이 나오기까지! 44
- 계산대 붉은빛에 상품을 갖다 대면 계산 끝! 46
- 할아버지께 쓴 편지가 배달되려면? 48
- 쓰레기 수거차가 가져간 쓰레기는 어떻게 되지? 50
- 재활용 수거함에 버린 유리병이 다시 유리병으로? 52

이동 수단 탐구 — 54

- 자동차가 굴러가는 원리 56
- 자동차의 구조 58
- 주유소에서 휘발유를 넣으려면! 60
- 고속 열차를 타고 출발~ 62
- 공항에선 어떤 일이? 64
- 비행기를 타고 여행을 떠나자! 66
- 요트를 타고 항해를 하려면? 68

놀이 탐구   70

책은 어떻게 만들까? 72
우리가 쓰는 종이가 되기까지 74
만화 영화의 그림은 어떻게 움직이는 걸까? 76
신나게 자전거를 타 볼까? 78
축구공은 어떻게 만들지? 80
장난감 삽을 만들려면… 82
무선 장난감 자동차를
멀리서 조종할 수 있는 까닭은? 84

주방 탐구   86

빵은 어떻게 만들까? 88
빵을 만드는 밀가루가 되기까지 90
카카오가 초콜릿으로 변신한다고? 92
맛있는 초콜릿 공장 견학! 94
같이 요구르트 만들어 볼래? 96
내가 우유를 먹으려면? 98
달콤한 꿀을 먹기 위하여! 100
소금은 어떻게 생기지? 102

멋내기 탐구   104

면 블라우스는 어떻게 만들까? 106
내가 플리스 점퍼를 입으려면? 108
털 목도리를 매기까지 110
왜 비누로 씻어야 깨끗해지는 거야? 112

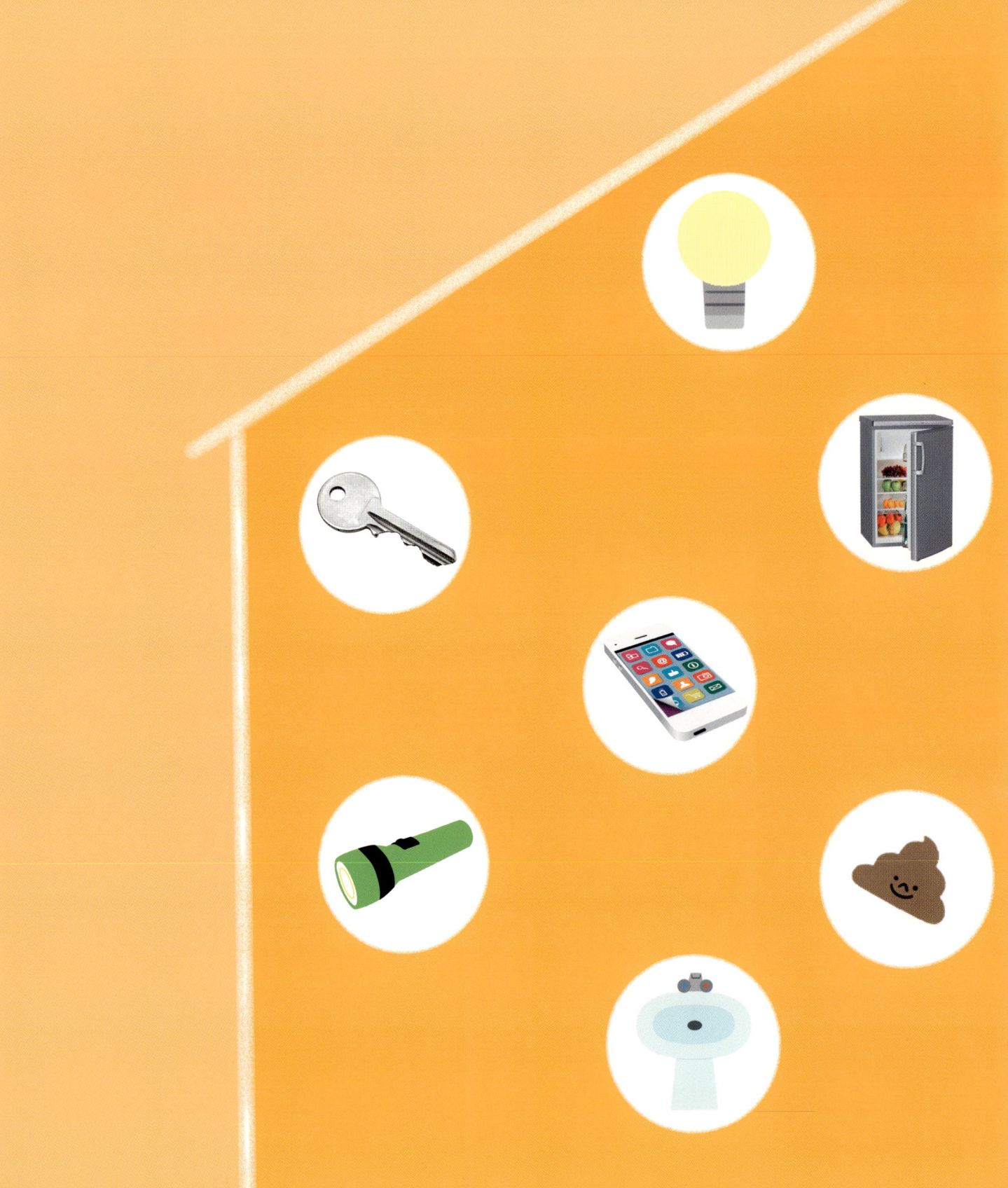

집 안 탐구

문이 잠겼어요!

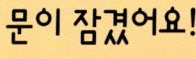

흠, 문이 잠겼군요! 자물쇠의 빗장이 걸려 있어요.

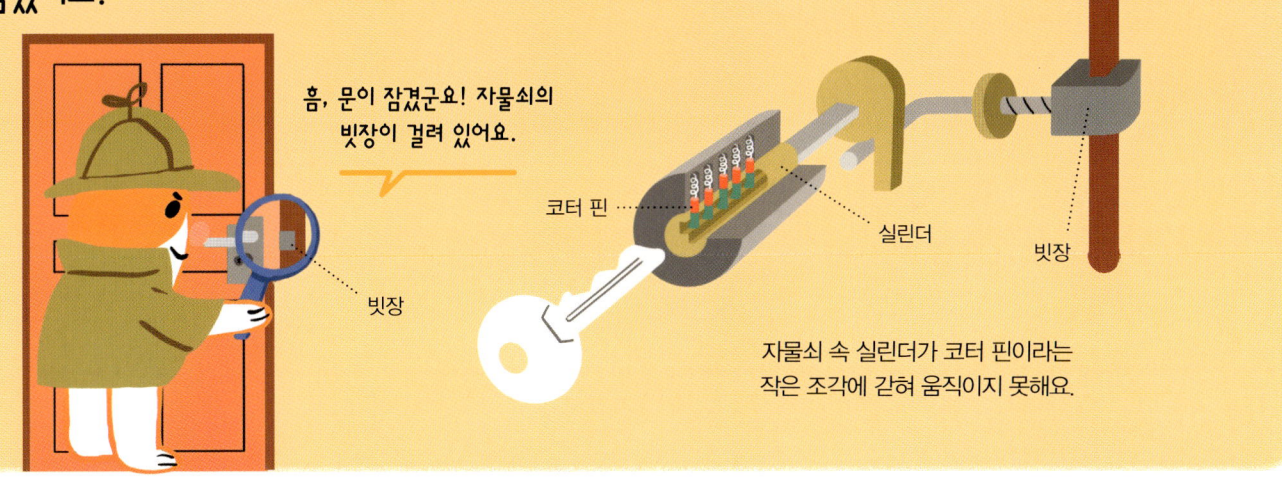

빗장 · 코터 핀 · 실린더 · 빗장

자물쇠 속 실린더가 코터 핀이라는 작은 조각에 갇혀 움직이지 못해요.

열쇠를 넣고 돌려요!

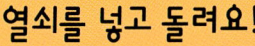

열쇠를 자물쇠에 넣으면 들쭉날쭉한 열쇠의 홈이 코터 핀을 위로 올려요.

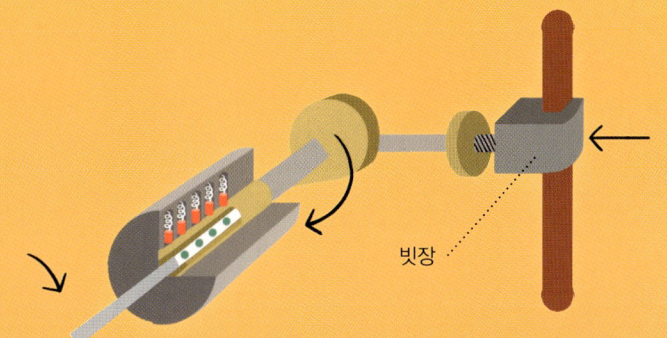

빗장

초록색 코터 핀들이 같은 높이로 맞춰지면 실린더가 돌아가며 빗장을 풀어요.

문이 열렸어요!

빗장이 풀려서 문을 열었어요!

퀴즈!

이 열쇠로 여러 자물쇠를 열 수 있어요. 이 열쇠는 만능열쇠일까요? 재능열쇠일까요?

정답 : 만능열쇠

손전등은 어떻게 켜지게?

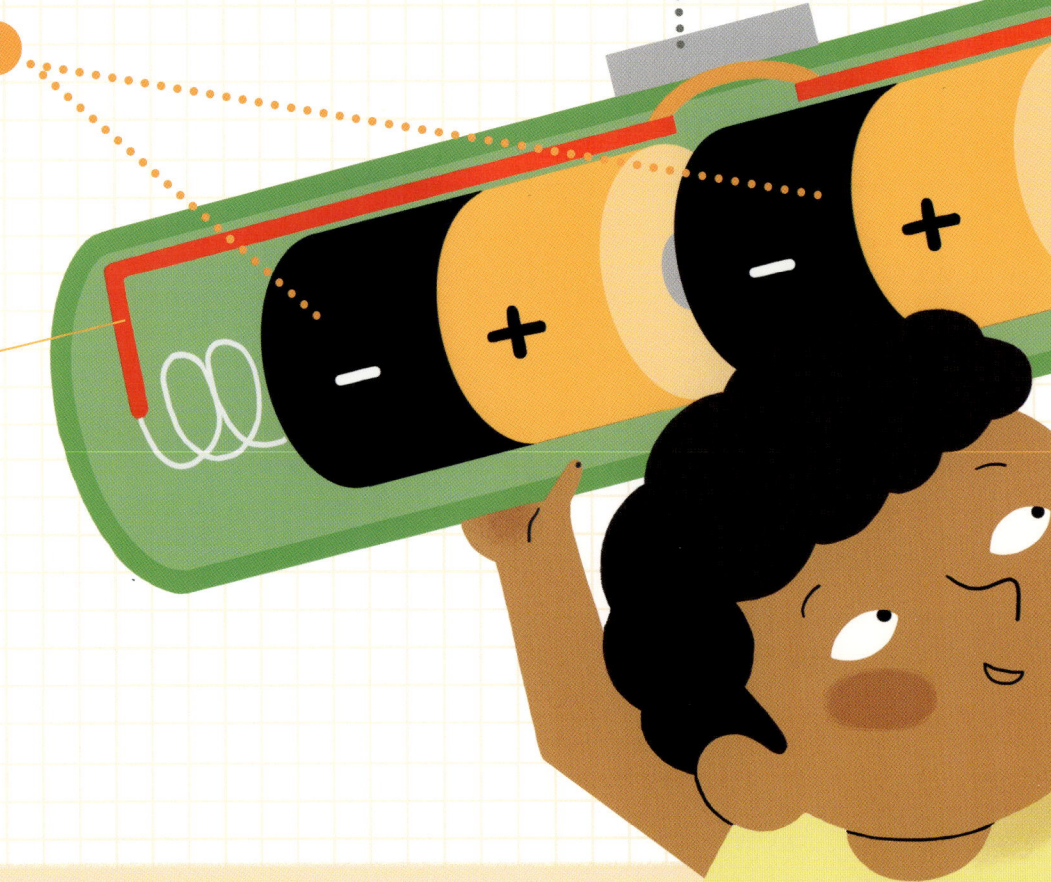

스위치를 밀면 손전등 속에 있는 철판과 건전지, 전구가 서로 연결됩니다.
이들을 연결하는 닫힌회로에서 전기가 흘러요.

손전등은 안에 들어 있는
건전지의 전기로 불을 켜지요.
건전지는 방향을 잘 보고 넣어야 해요!

철판

LED 전구 속에는 얇은 판이 있어요.
여기에 전기가 통하면 빛을 내요.

3

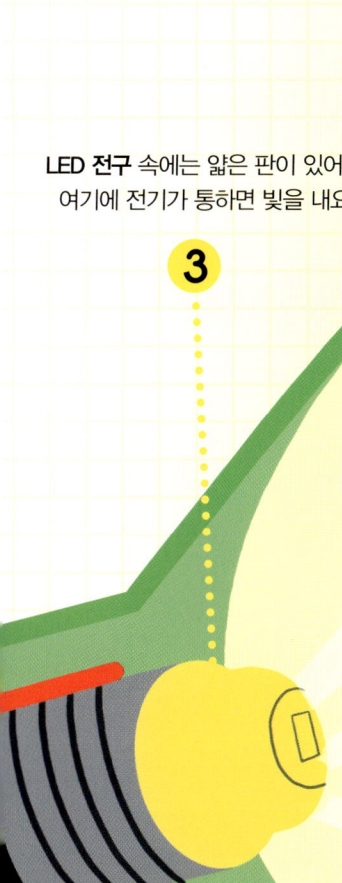

손전등을 끄려면 스위치를
반대 방향으로 밀어
전기가 통하지 않게 해요.

4

반사판은 전구를 둘러싸고 있는 거울이에요.
전구에서 나오는 빛을 더 밝게 해 주지요.

실험!

네모난 건전지에 전구를 연결해 봐요.
전구에 불이 들어온답니다!

스위치를 눌러 불이 켜지는 과정은?

벽 속에 있는 전선을 따라 전기가 흘러요!

1 스위치를 누르면 빨간 선이 연결되어 전기가 전구까지 흘러갑니다.

전선은 구리로 되어 있어요.
구리는 전기가 아주 잘 통한답니다.
구리를 덮고 있는 플라스틱은
전기가 통하지 않아요.
그래야 전기 기사가 안전하니까요!

그림에서 다음 물건을 찾아보세요.

불 꺼진 전구	콘센트	전류를 측정하는 멀티미터

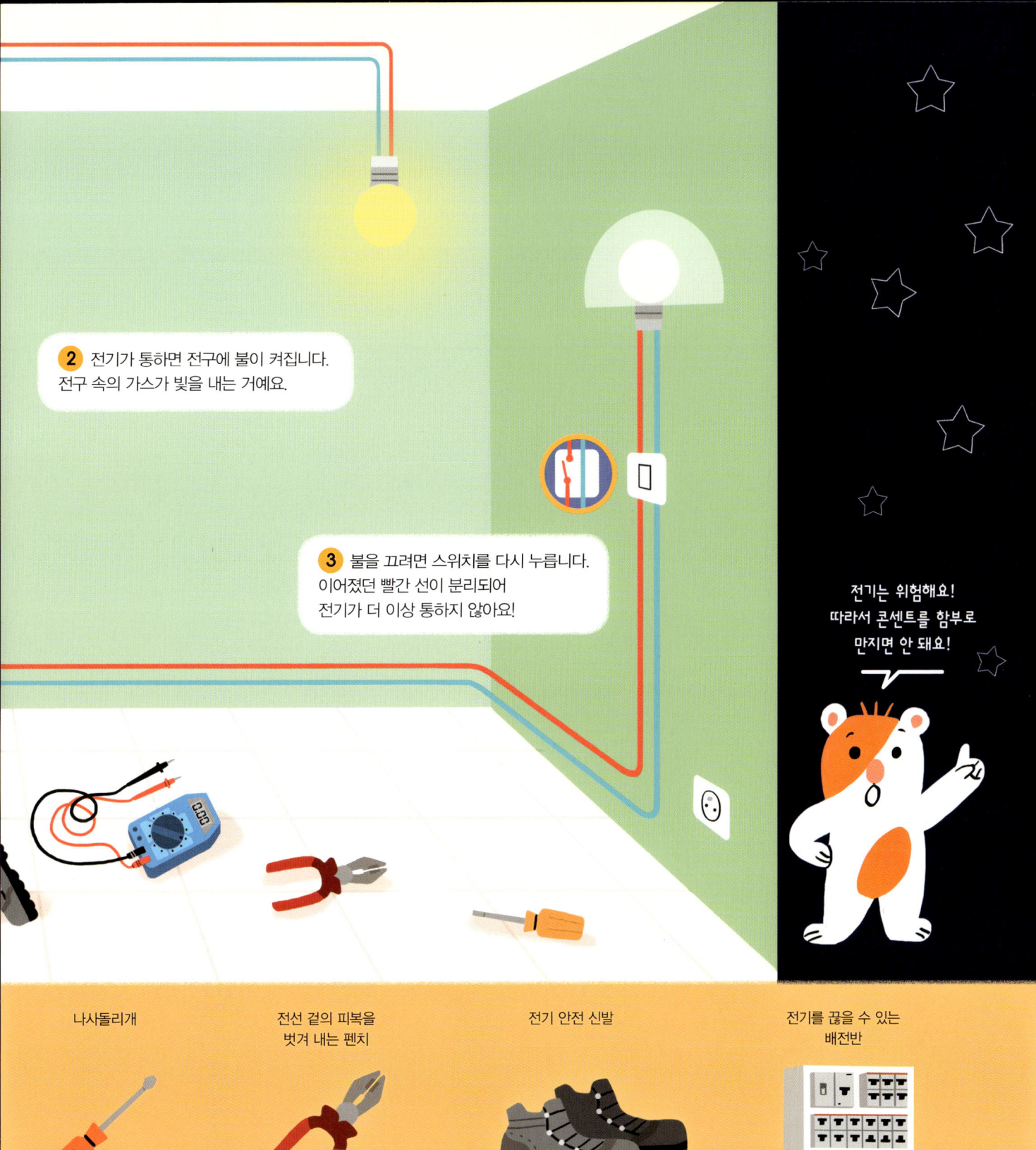

전기가 우리 집에 들어오기까지!

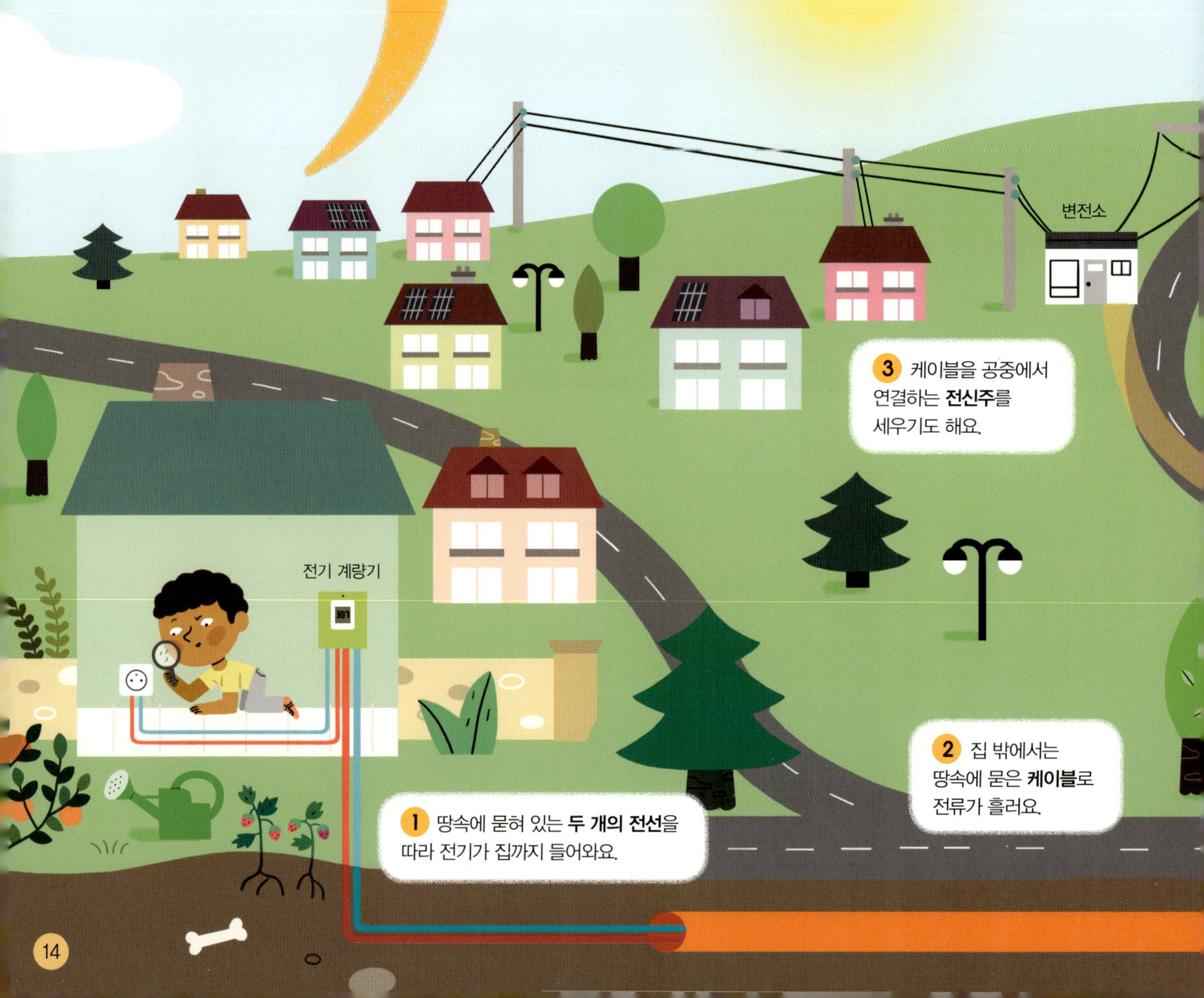

변전소

전기 계량기

3 케이블을 공중에서 연결하는 **전신주**를 세우기도 해요.

2 집 밖에서는 땅속에 묻은 **케이블**로 전류가 흘러요.

1 땅속에 묻혀 있는 **두 개의 전선**을 따라 전기가 집까지 들어와요.

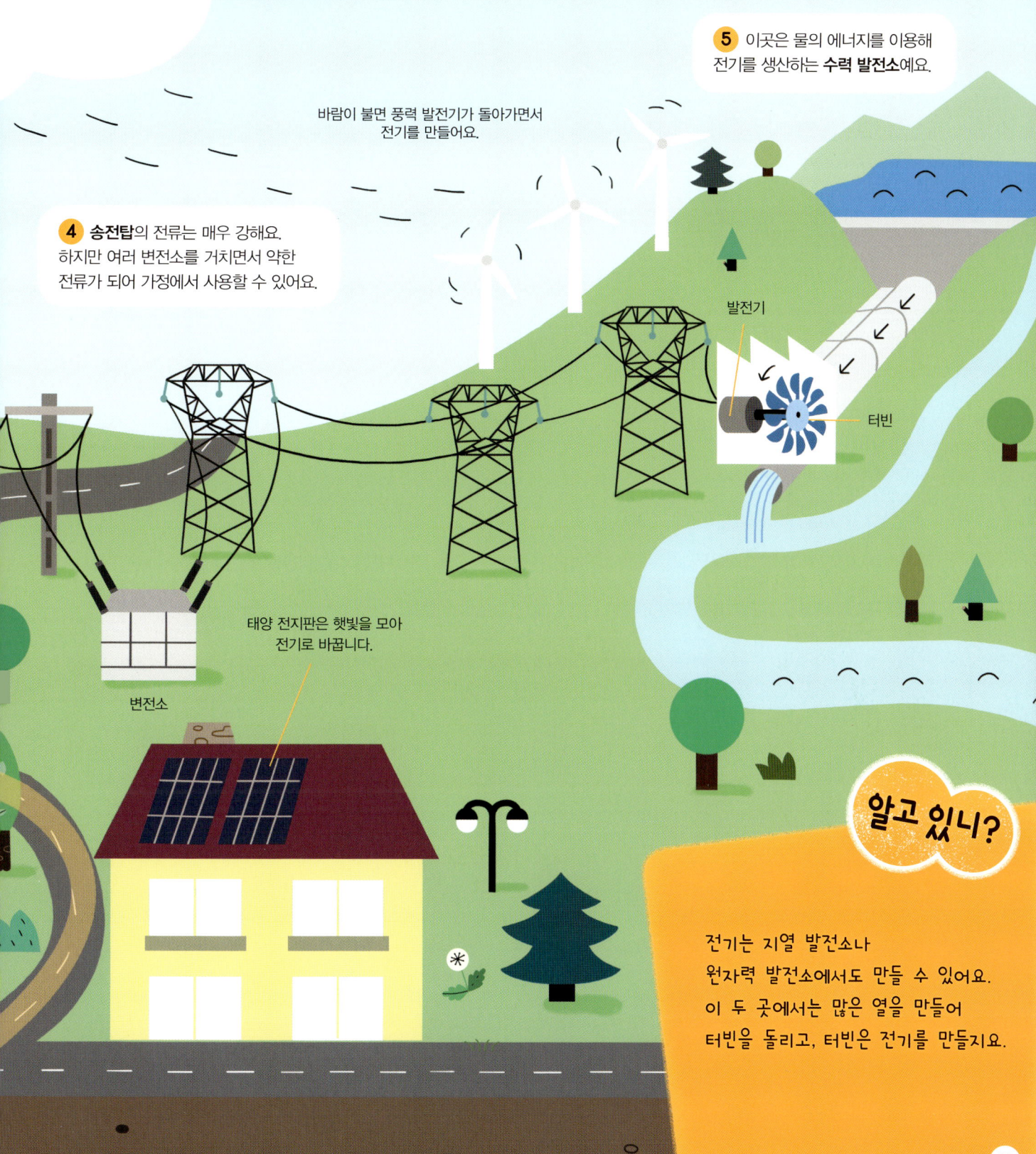

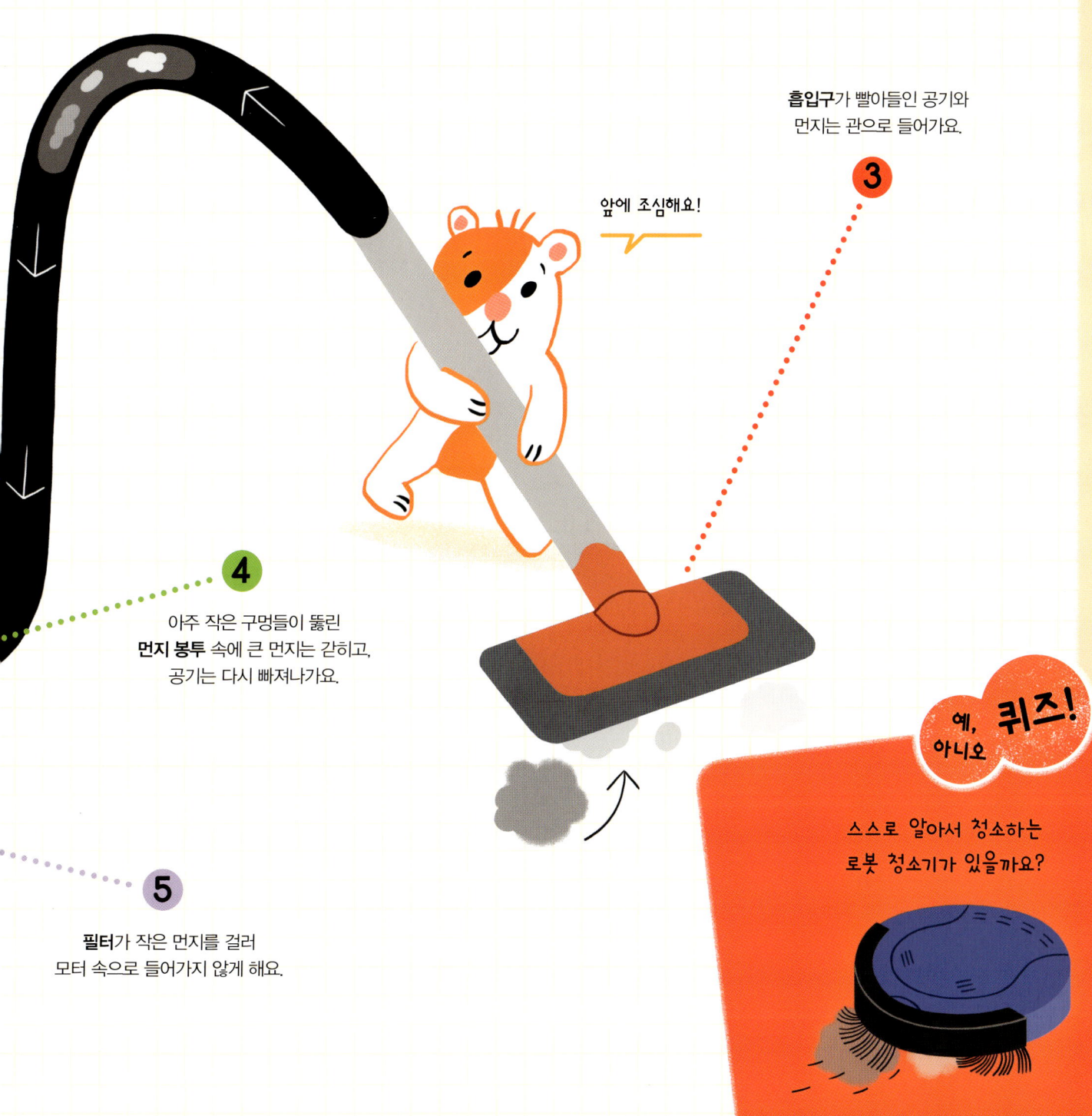

흡입구가 빨아들인 공기와 먼지는 관으로 들어가요.

③

앞에 조심해요!

④ 아주 작은 구멍들이 뚫린 **먼지 봉투** 속에 큰 먼지는 갇히고, 공기는 다시 빠져나가요.

⑤ **필터**가 작은 먼지를 걸러 모터 속으로 들어가지 않게 해요.

예, 아니오 **퀴즈!**

스스로 알아서 청소하는 로봇 청소기가 있을까요?

정답 : 예, 로봇 청소기가 개발되어 있어요. 그래서 집안 청소를 쉽게 할 수 있어요.

17

식료품을 꼭 냉장고에 넣어야 하는 이유는…

시장 본 걸 정리하자!

❶ 밀가루는 냉장고에 넣을 필요가 없어요. 찬장에 넣어 보관하면 돼요.

❷ 식료품은 냉장고에 넣어야 해요. 차게 보관하지 않으면 금방 상하거든요.

❸ 닭고기를 찬장에 두면 나쁜 세균이 생겨요. 그런 닭고기를 먹으면 병에 걸릴 수 있어요.

❹ 냉장고 안은 차갑기 때문에 세균이 빨리 자랄 수 없어요.

❺ 냉장고에서는 닭고기를 더 오래 둘 수 있죠. 포장에 적힌 유통 기한까지 보관할 수 있어요.

❻ 냉매가 든 긴 배관이 냉장고 몸체 속에 들어 있어요.

❼ 냉동고에 닭고기를 넣으면 몇 달 동안 보관할 수 있어요. 냉동고 안은 무척 차갑기 때문에 균이 거의 자라지 못하거든요.

골라, 골라 퀴즈!

냉장고에 보관해야 할 것을 모두 골라 보세요.

생선

다진 소고기

병조림 콩

빵

버터

코코아 가루

크림치즈

막대 사탕

그럼 토스트는
제가 집을게요!

골라, 골라 퀴즈!

전기로 작동하는 물건을
모두 골라 보세요.

헤어드라이어

커피 메이커

거품기

전기 주전자

밀대

머리빗

반죽기

5
전기가 더 이상 통하지 않으면
전열선에 불이 꺼지고 전자석이
용수철을 풀어 줍니다.
그러면 토스트가 위로 튀어 올라요!

4
토스터가 맞춰진 온도까지
뜨거워지면 **온도 조절 장치**가
전기를 끊어요.

3
토스터 양쪽 구멍에 있는
금속 **전열선**이 빨갛게 달궈지면서
빵이 구워져요.

수돗물이 집에서 콸콸 나오려면!

1. 집 안에서는 **수도관**으로 물이 흘러요. 찬물이 흐르는 수도관과 더운물이 흐르는 수도관이 수도꼭지에 연결되어 있어요.

음, 맛있군!

2. **온수기**로 물을 데워요.

3. 찬물은 마당 아래 묻힌 **굵은 수도관**을 따라 집으로 흘러와요.

활동!

물을 사용하는 것들을 집에서 찾아보세요.

| 욕조 | 세면대 | 샤워기 |

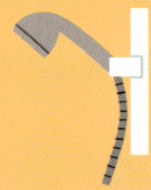

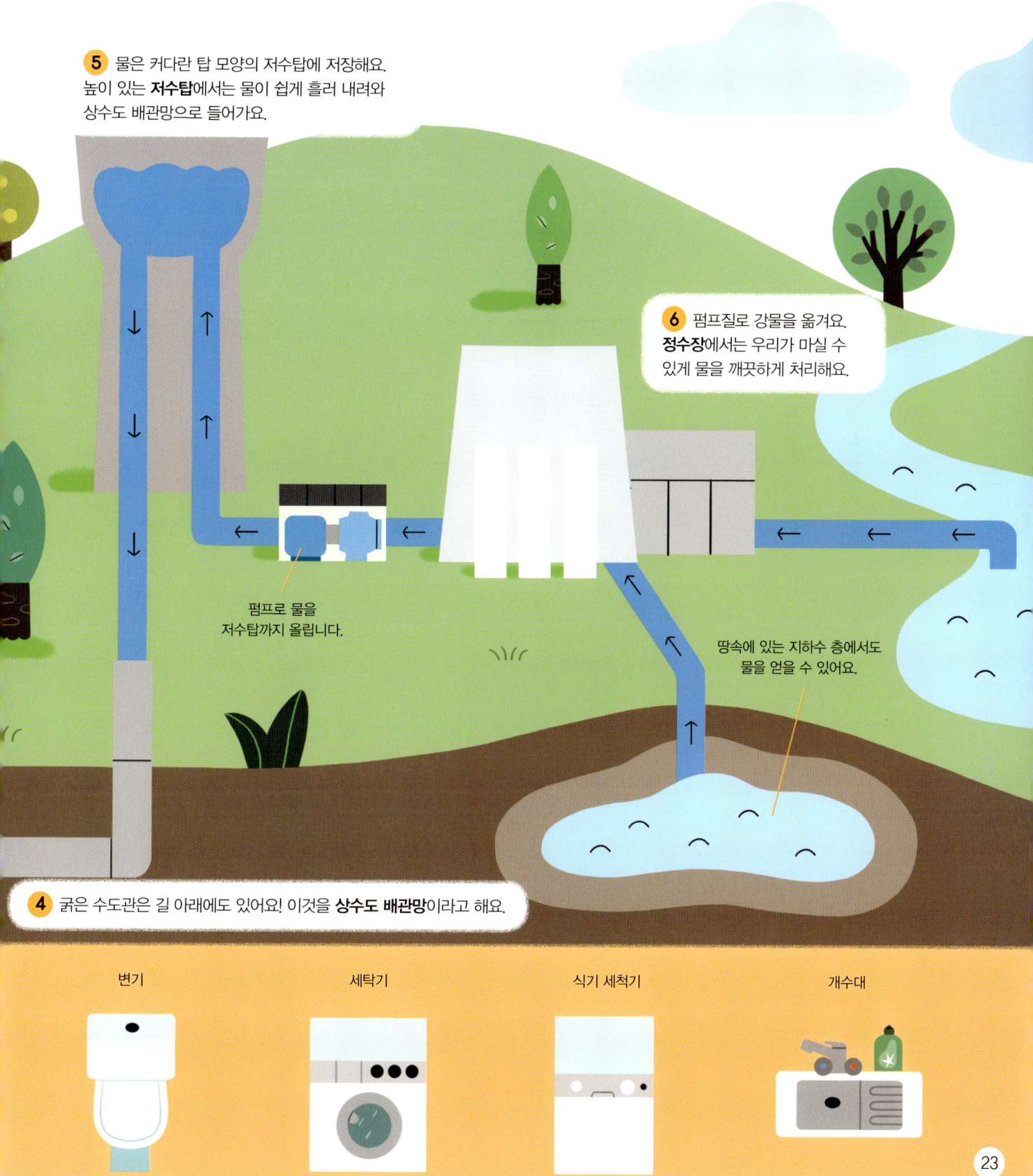

화장실의 응가는 어디로 갈까?

물 내림 버튼을 눌러 물을 내려보내면 응가가 물과 함께 긴 여행을 하게 된답니다!

윽, 냄새! 그래도 따라가 볼까요!

세탁기의 빨래 과정, 파헤쳐 주마!

세제를 넣고 원하는 세탁 프로그램을 선택한 후 세탁기 문을 닫으면 빨래가 시작되지요!

급수관을 통해 들어오는 물은 **세제 통**을 거치면서 세제와 섞여 세탁기 속으로 들어가요.

시작 단추를 누르면 세탁기 문이 잠겨요.

세탁기 문

토끼야, 조심해! 좀 흔들릴 거야!

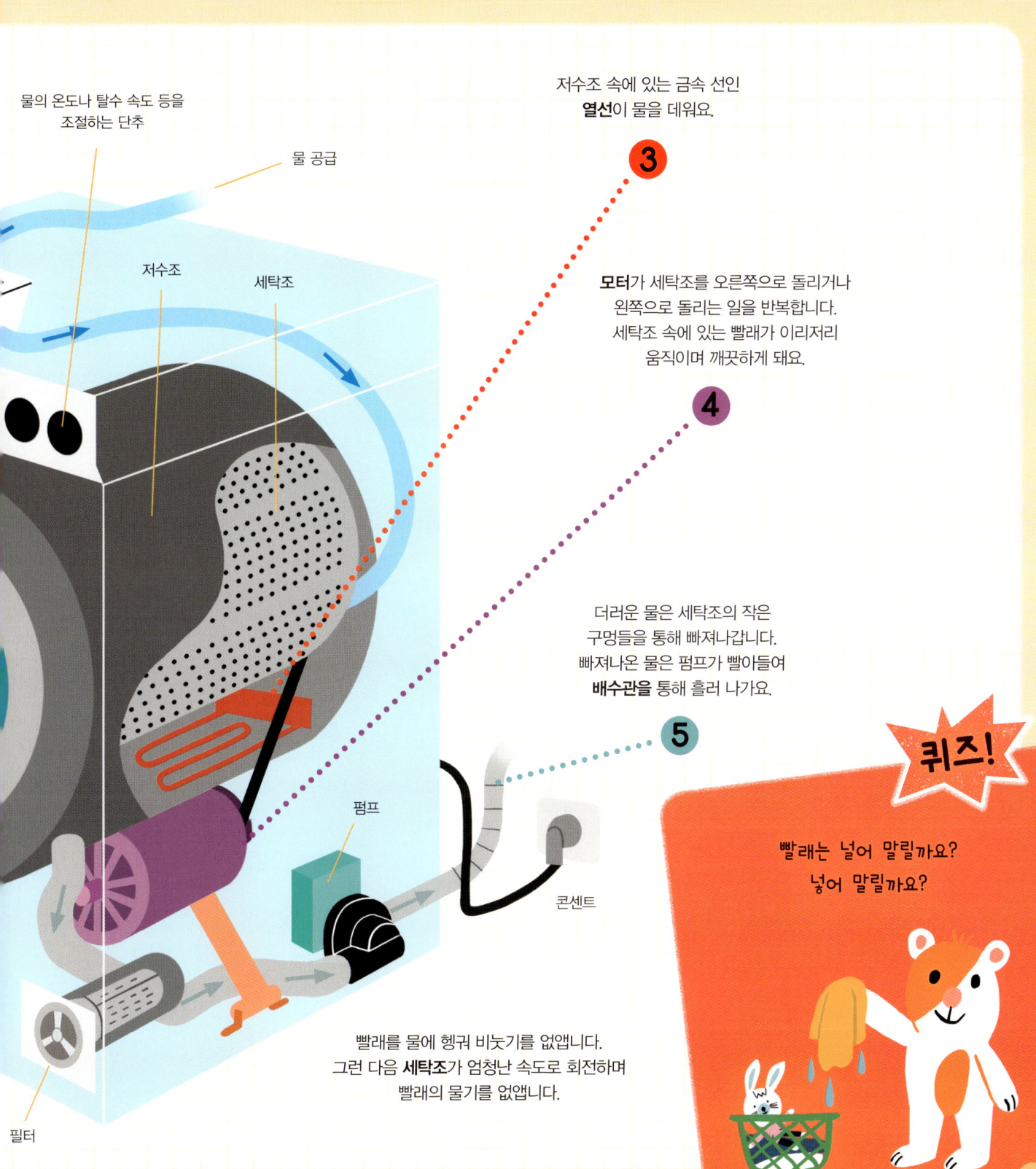

휴대 전화로 아빠 엄마가 통화하려면…

기지국 안테나

2 이 신호를 가장 가까운 **기지국**에서 수신해요.

여보세요?
어디에요?

1 아빠가 전화를 하면 목소리가 **신호**로 변해 공기 속에서 이동해요.

컴퓨터로 뭘 할까?

1

66+12+45+624 =?

747! 식은 죽 먹기죠!

원래 저는 아주 빨리 계산하는 기계였어요!

컴퓨터는 아주 똑똑한 기계죠!

웹캠

모니터

마우스

2 사람들이 제가 할 일을 명령하는 프로그램(소프트웨어)을 만들어요.

3 프로그램 덕분에 저는 글도 쓰고, 게임도 하고, 만화 영화도 보여 줘요.

봉주르! 헬로! 안녕!

4 저를 인터넷에 연결하면 아주 많은 컴퓨터와 대화를 나눌 수 있어요.

5 친구에게 소식을 전할 수도 있고요.

6 고래에 대한 정보를 찾을 수도 있어요.

퀴즈!

컴퓨터를 쓸 때 자판을 두드리나요? 장판을 두드리나요?

정답 : 자판을 두드립니다.

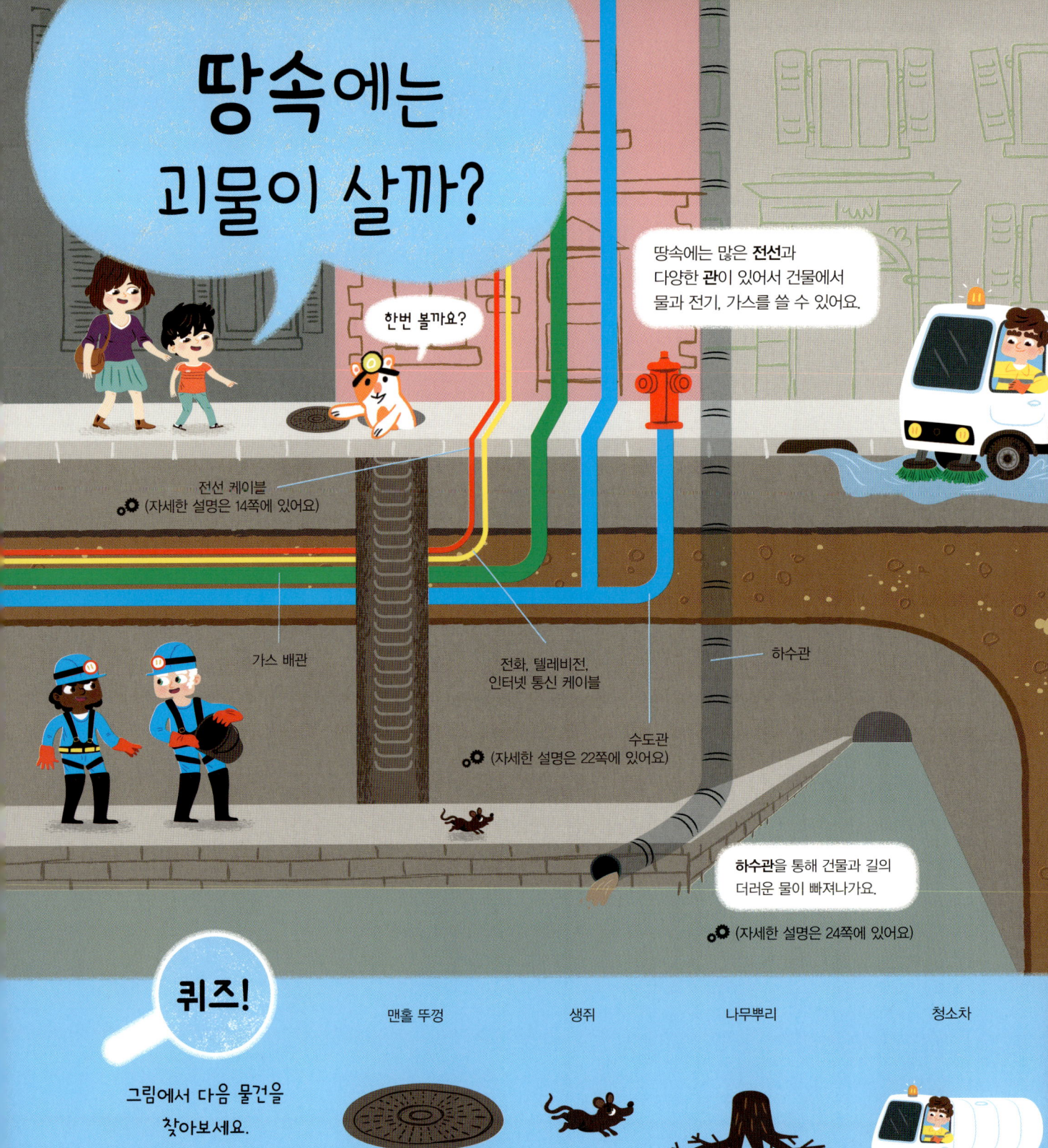

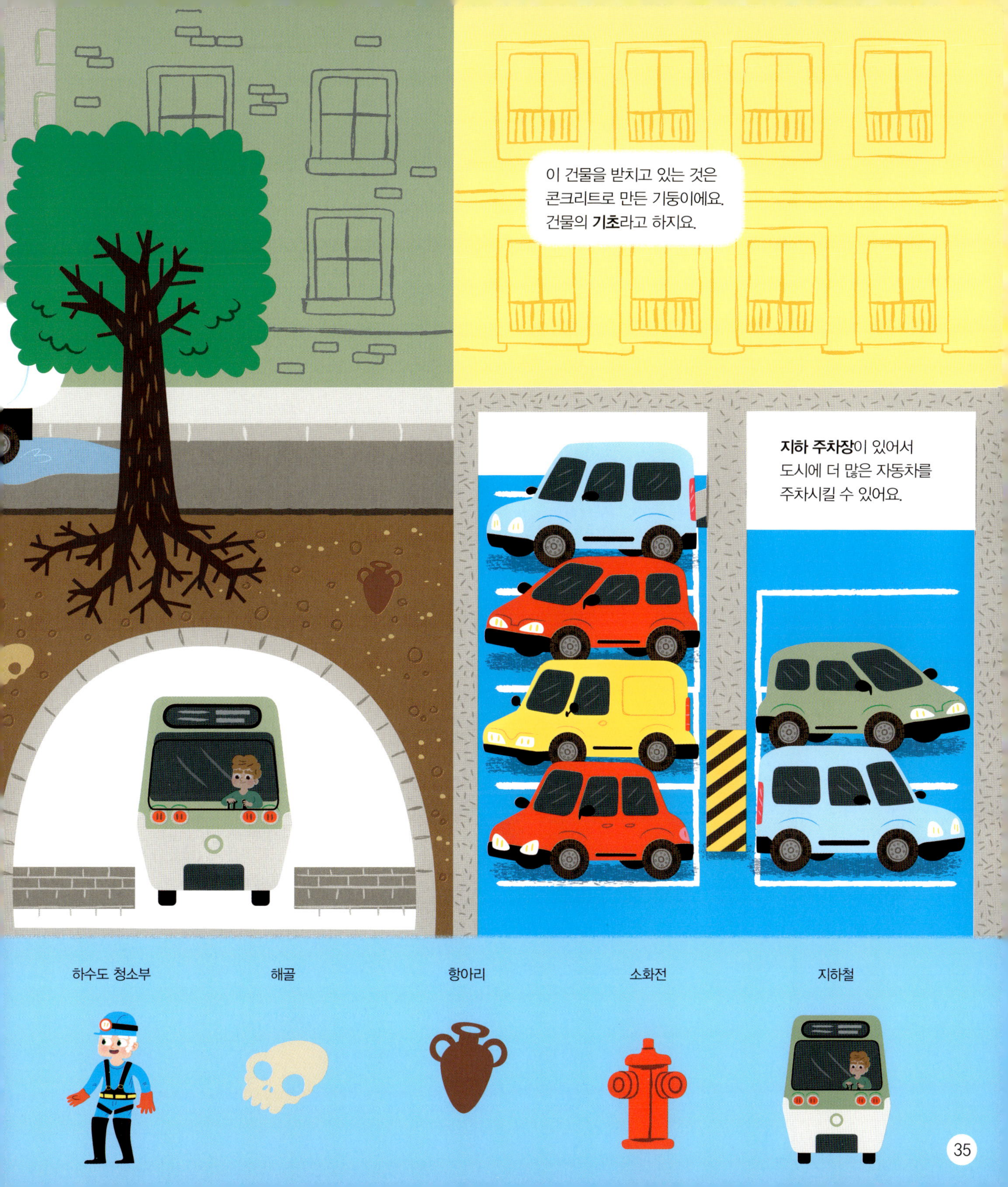

이 건물을 받치고 있는 것은 콘크리트로 만든 기둥이에요. 건물의 **기초**라고 하지요.

지하 주차장이 있어서 도시에 더 많은 자동차를 주차시킬 수 있어요.

하수도 청소부

해골

항아리

소화전

지하철

커다란 기중기를 움직이려면?

카운터 지브

메인 지브

운전실

갈고리

마스트

기중기 운전사가 기중기를 움직이지요!

기중기 운전사 아저씨가 작업을 시작하려나 봐요. 아저씨를 따라가 볼까요?

균형추는 기중기가 넘어지지 않도록 받쳐 줘요.

예, 아니오 퀴즈!

승강기가 달린 기중기가 있을까요?

운전실로!

아저씨가 사다리를 타고 운전실로 올라가요.

휴식용 공간에서 잠시 쉬어 가요. 전경이 정말 근사하죠!

운전실에는 화장실이 없어요. 그래도 난방은 되지요.

운전하기

풍력계를 켜서 바람이 너무 세게 불지 않는지 확인해요. 바람이 강하면 기중기를 작동시킬 수 없거든요.

와이어로프가 잘 감겨 있는지, 다른 장치도 잘 작동하는지 점검해요.

작동시키기

조종기를 움직여 지브를 돌리고, 지브에 달린 갈고리를 움직여요.

다른 조종기를 움직이면 갈고리가 아래로 내려가 물건을 들어 올려요.

땅에서 일하는 작업자가 무전기나 손짓으로 신호를 보내요.

반듯한 도로를 만들어 볼래?

❶ 전기톱으로 나무를 자르고 불도저로 땅에 있는 것을 없애요.

❷ 도로를 놓을 곳에서 굴착기가 흙을 파내요.

❸ 그레이더와 롤러로 땅을 평평하게 다져요.

자갈층과 모래층을 더 깔거나, 시멘트나 재를 섞기도 해요!

❹ 덤프트럭이 첫 번째 자갈층을 부으면 불도저가 자갈층을 골고루 평평하게 깔아요.

❺ 롤러가 자갈층을 지나가며 단단하게 다져요.

이 검은 양탄자는 모래, 자갈, 타르를 섞어 만든 것으로 아주 뜨거워요.

❻ 아스팔트 피니셔가 도로를 포장할 물질을 자갈층 위에 덮어요.

❼ 롤러가 포장된 도로를 여러 번에 걸쳐 평평하게 만들어요.

❽ 마지막으로 도로에 표시를 그리고 표지판을 세워요.

골라, 골라 **퀴즈!**

그림에 없는 차를 고르세요.

1   2

3   4

정답 : 2

39

앗, 신호등의 빨간불이 켜졌다!

신호등 뒤쪽 작은 상자 속 컴퓨터가 신호등을 켜요!

1 **신호등**이 빨간불이었다가 초록불로 변합니다. 그리고 노란불이 됩니다. 파란불이 켜져 있는 시간은 어느 신호등이든 다 같을까요? 그렇지 않아요!

2 자동차가 지나가는 것을 도로 밑에 있는 **전선**이 감지해서 컴퓨터에 알려요.

활동!

그림에서 다음 물건을 찾아보세요.

초록불 신호등 하나   빨간불 신호등 하나   자전거 전용 도로

③ 어느 도로에서는 자동차가 빨간불에서 기다리고 있는데 다른 길은 차가 없다는 것도 **컴퓨터**에 전송돼요.

단추를 눌러 길을 건너고 싶다고 컴퓨터에게 알려요.

④ 컴퓨터가 **차가 서 있는 신호등**을 빨간불에서 초록불로 바꿔요. 차가 없는 도로의 초록불은 빨간불로 만들고요.

초록불이에요!

시각 장애인이 원격 조종기를 누르면 신호등은 자신이 지금 어떤 불인지 알려 줘요.

| 시각 장애인을 위한 원격 조종기 | 빨간색 사람 둘 | 초록색 사람 하나 | 좌회전 금지 표지판 | 시각 장애인용 블록 네 개 |

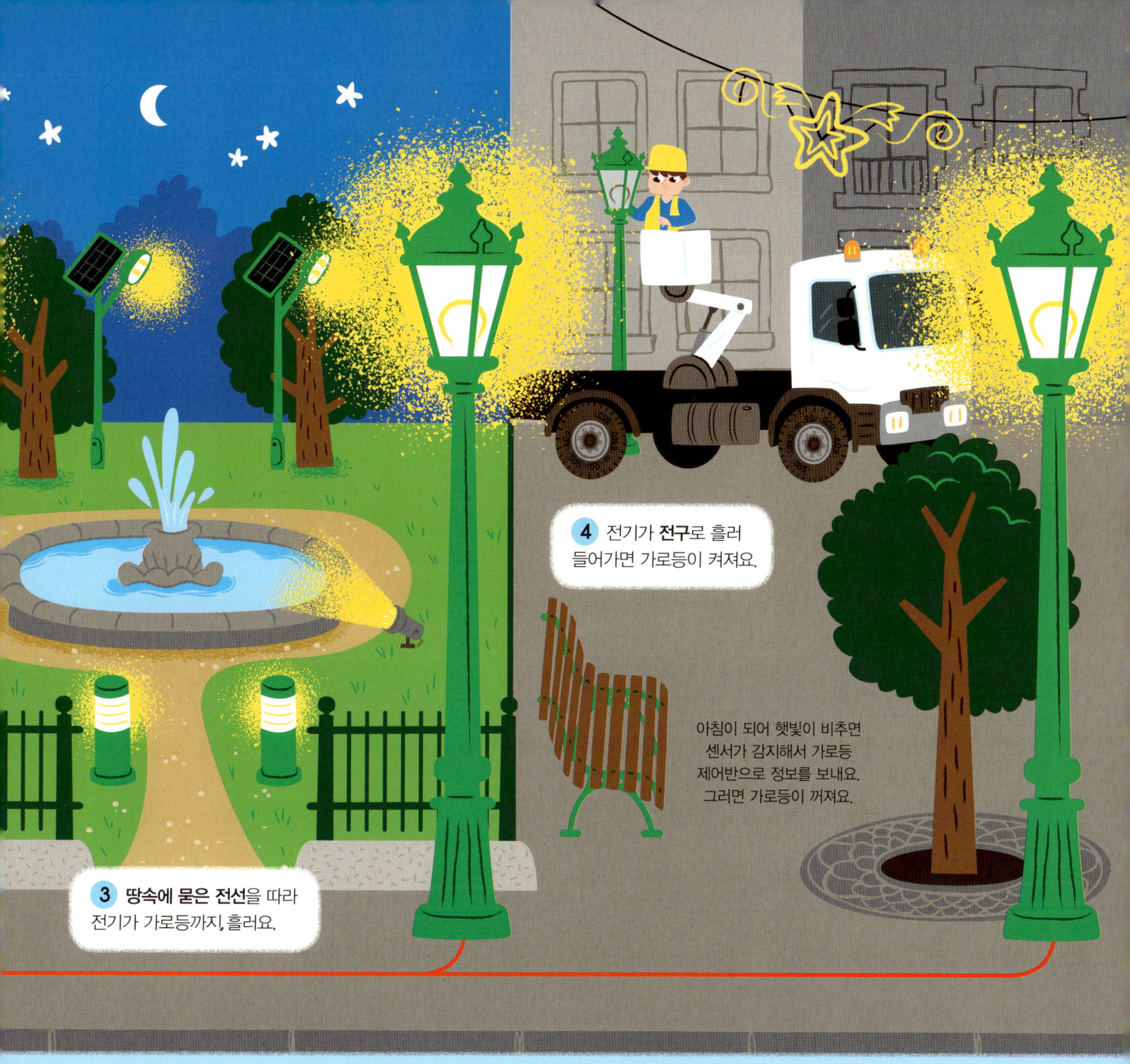

❹ 전기가 **전구**로 흘러 들어가면 가로등이 켜져요.

아침이 되어 햇빛이 비추면 센서가 감지해서 가로등 제어반으로 정보를 보내요. 그러면 가로등이 꺼져요.

❸ **땅속에 묻은 전선**을 따라 전기가 가로등까지 흘러요.

빛 감지 센서	탐조등	가로등 제어반	크리스마스 장식

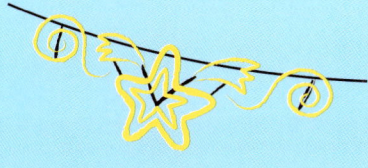

현금 자동 지급기에서 돈이 나오기까지!

❶ 신용 카드를 기계에 넣어요.

❷ 비밀번호를 눌러요.

❸ 현금 자동 지급기가 은행 통합 전산망 컴퓨터와 정보를 주고받고, 컴퓨터는 카드를 인식해요.

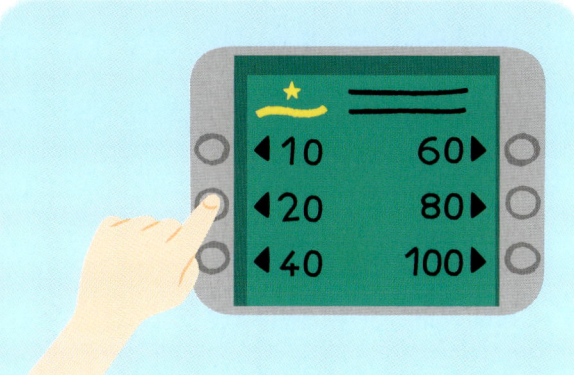
❹ 현금 자동 지급기의 모니터에서 20만 원을 선택해요.

❺ 통합 전산망의 컴퓨터가 거래 은행에 선택 내용을 보내요.

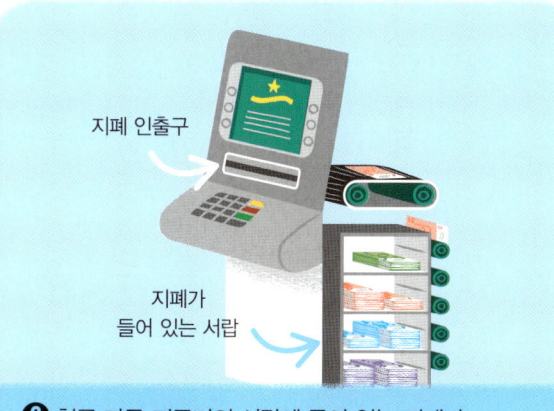
❻ 현금 자동 지급기의 서랍에 들어 있는 지폐가 인출구까지 올라와요.

❼ 은행 컴퓨터는 잔고가 20만 원 줄었다고 기록해요.

❽ 현금 자동 지급기에서 카드와 현금을 주고 난 후 영수증을 발행해요.

퀴즈!

신용 카드에는 칩이 있을까요?
침이 있을까요?

바코드와 스캐너

바코드는 다양한 흰색 줄과 검은색 줄로 된 줄무늬인데 모든 상품에 붙여져요.

스캐너가 레이저 광선을 쏘아 바코드를 읽어요.

계산대

계산대에서 읽은 바코드를 마트의 커다란 컴퓨터로 보내면 컴퓨터의 목록을 확인해 이 바코드가 맛있는 사탕을 가리킨다는 것을 알아내요.

사탕의 이름과 가격이 계산대의 모니터에 나타나고 영수증에 인쇄되어 나와요.

계산 후

맛있는 사탕 1863봉지가 필요합니다.

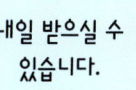

내일 받으실 수 있습니다.

마트의 커다란 컴퓨터가 사탕의 판매를 등록하고 사탕을 더 주문해야 할지를 결정합니다.

활동 퀴즈!

이 책의 바코드는 어디에 있을까요?

정답 : 뒤표지에 있어요

할아버지께 쓴 편지가 배달되려면?

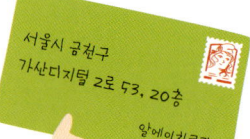

봉투에 주소를 쓰고 우표를 붙였나요? 그렇다면 편지를 우체통에 넣으세요.

❶ 우편집배원이 우체통을 열고 편지를 꺼내요.

❷ 할아버지 편지는 다른 편지와 함께 지역의 우편물을 모으는 중앙 우체국으로 가요.

❸ 편지는 우편 차량에 실려 우편 집중국으로 떠나요.

❹ 우편 집중국에 도착한 편지는 같은 지역으로 가는 동일한 규격의 다른 국내 우편물과 함께 분류되어요.

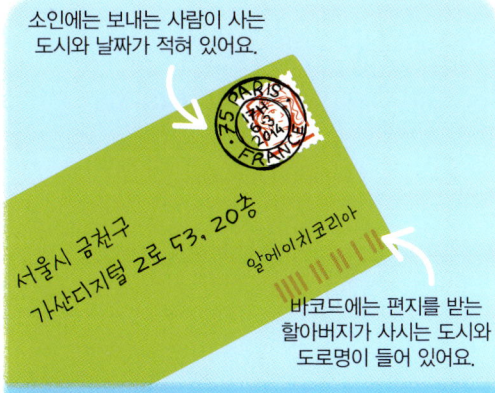

소인에는 보내는 사람이 사는 도시와 날짜가 적혀 있어요.

바코드에는 편지를 받는 할아버지가 사시는 도시와 도로명이 들어 있어요.

❺ 편지의 우표에 소인을 찍고, 바코드를 찍어요.

❻ 할아버지에게 보내는 편지는 고속 열차를 타요. 목적지는 또 다른 아주 커다란 우편 집중국이에요.

❼ 기계가 바코드를 읽어요. 할아버지에게 가는 편지는 할아버지가 계신 도시로 가는 다른 편지와 함께 분류돼요.

❽ 할아버지가 사시는 동네의 우체국에 도착한 편지는 집배원의 배달 구역에 따라 다시 분류해요.

❾ 집배원이 편지를 전해 드려요. 할아버지가 매우 기뻐하시네요!

퀴즈!

할아버지에게 보내는 편지가 거친 곳을 그림에서 모두 찾아보세요.

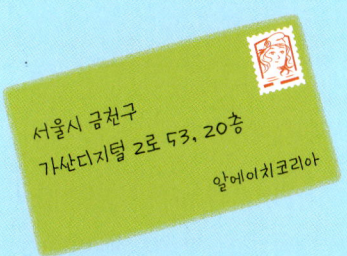

쓰레기 수거차가 가져간 쓰레기는 어떻게 되지?

다른 쓰레기와 함께
쓰레기 수거차의 적재함 속으로 들어가요.

저는 바나나 껍질이에요.
수거차를 타고 갈 거니까
따라오세요!

잘 가!
여행 잘해!

2

차에 달린 삽 모양의 회전판이 쓰레기를 적재함 안쪽으로 보내요. 아야! 적재함 내부의 압축판이 쓰레기를 눌러 부피를 줄여요.

3

쓰레기 소각장에 도착했어요. 윽! 커다란 구멍으로 떨어져요.

4

커다란 가마에서 쓰레기를 태워요. 이때 생기는 열로 건물의 전기도 만들고 난방도 하지요.

5

필터

쓰레기를 소각할 때 페트병에서는 위험한 가스가 나와요. 다행히 굴뚝에 필터가 있어서 나쁜 물질을 걸러 줘요.

골라, 골라 **퀴즈!**

쓰레기통에 버리면 안 되는 것을 골라 보세요.

1   2

3   4

정답 : 2

재활용 수거함에 버린 유리병이 다시 유리병으로?

유리병이 어떻게 재활용되는지 알아볼까요?

❶ 수거차가 재활용 수거함에 있는 유리병을 적재함으로 옮겨 실어요.

❷ 수거차가 선별 공장으로 가서 적재함의 유리병을 쏟아 부으면 거대한 유리병 산더미가 만들어져요.

❸ 선별 공장에서는 페트병이나 종이 상자 등을 분리해요.

자석을 이용해 쇠로 된 뚜껑이나 덮개를 골라내요.

물을 세게 뿌려 종이 라벨도 떼어 내요.

❹ 유리는 기계에 넣고 잘게 부숴요.

❺ 고온으로 가열하면 유리가 액체 상태로 변해요.

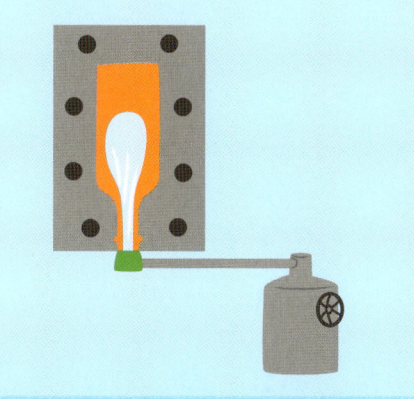

❻ 유리 반죽을 유리병 틀에 넣은 후 공기를 불어 넣어 병 속에 공간을 만들어요.

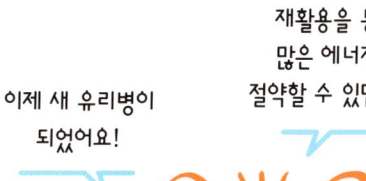

이제 새 유리병이 되었어요!

재활용을 통해 많은 에너지를 절약할 수 있답니다.

골라, 골라 퀴즈!

유리병 수거함에 들어갈 것을 모두 골라 보세요.

유리잔

전구

거울

음료수 병

샴페인 병

유리 조각

푸딩 병

이동 수단 탐구

자동차가 굴러가는 원리

1. **연료 탱크**의 휘발유가 엔진으로 들어가요.

2. **엔진** 속에서 휘발유가 공기와 섞이면서 점화 불꽃이 일어나고 연료가 폭발해요.

엔진에서 연소한 가스는 **소음기**를 통해 빠져나가요.

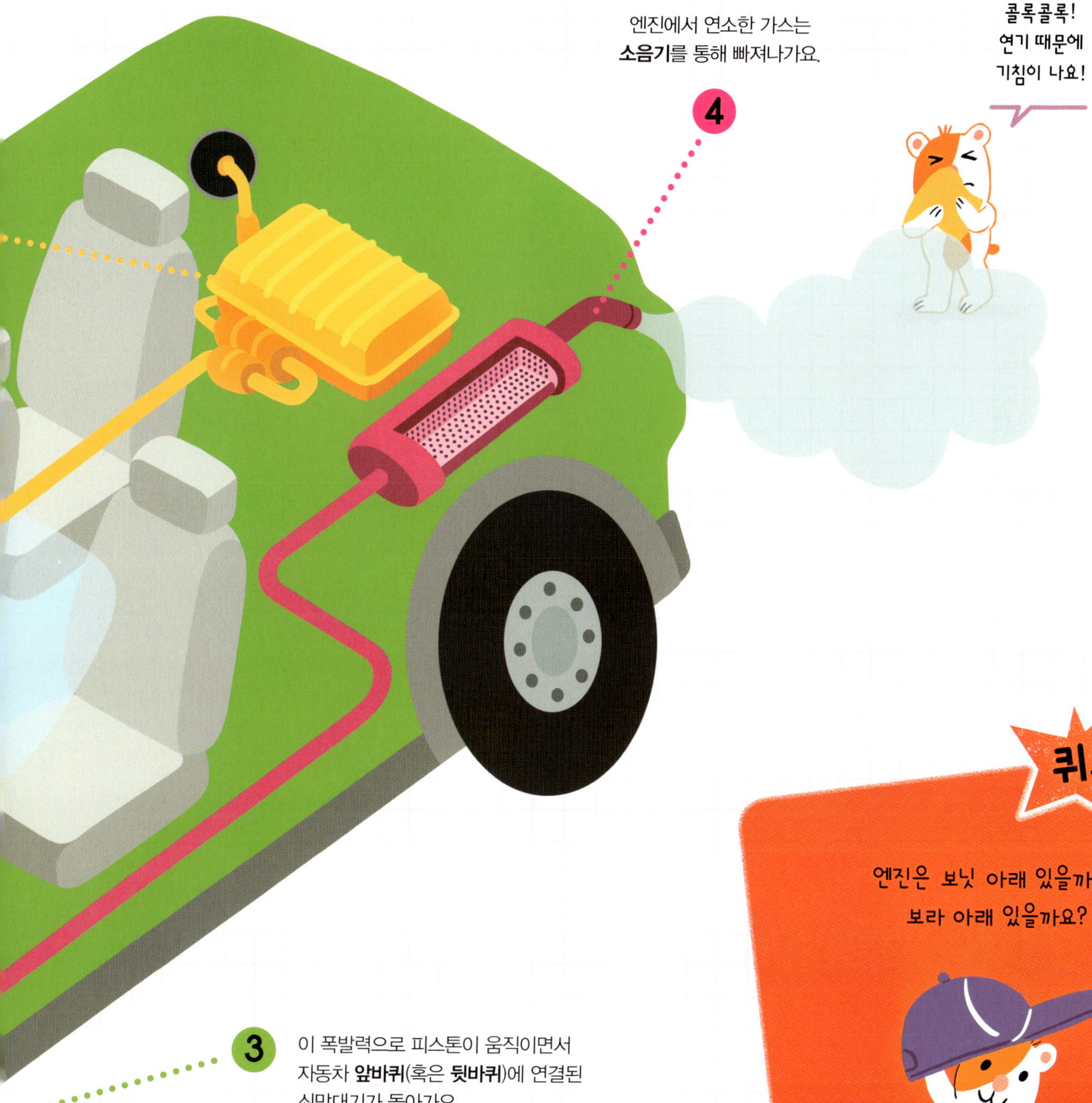

4

콜록콜록!
연기 때문에
기침이 나요!

3 이 폭발력으로 피스톤이 움직이면서
자동차 **앞바퀴**(혹은 **뒷바퀴**)에 연결된
쇠막대기가 돌아가요.
그러면 자동차가 굴러가지요.

퀴즈!

엔진은 보닛 아래 있을까요?
보라 아래 있을까요?

정답 : 보닛

자동차의 구조

뒤를 볼 수 있는 **백미러**

운전대

속도를 알려 주는 **계기판**

전조등 스위치

부릉 부릉!

클랙슨

왼쪽이나 오른쪽으로 방향을 알리는 **방향 지시등**

앞 유리

와이퍼

안전띠

활동 퀴즈!

그림에서 다음 부품들을 찾아 자동차를 운전해 보아요.

❶ **자동차 열쇠**를 돌려 시동을 걸어요.

❷ **클러치**를 밟고

❸ **변속 기어**를 **1단**으로 놓아요.

❹ **핸드 브레이크**를 풀어요.

❺ **클러치 페달**에서 발을 떼고
가속 페달을 밟으면
차가 움직여요!

❻ 빨간불에서 멈추려면
브레이크를 밟아요!

주유소에서 휘발유를 넣으려면!

1 주유기의 펌프에서 나오는 휘발유는 **주유소의 땅속에 묻힌 커다란 저장 탱크**에서 나와요.

2 **유조차**가 이 저장 탱크에 휘발유를 넣지요.

휘발유 자국을 따라가 볼까요? 그럼 휘발유가 어디서 오는지 알 수 있을 거예요!

활동!

그림에서 다음 물건을 찾아보세요.

유정

헬리콥터

잠수부

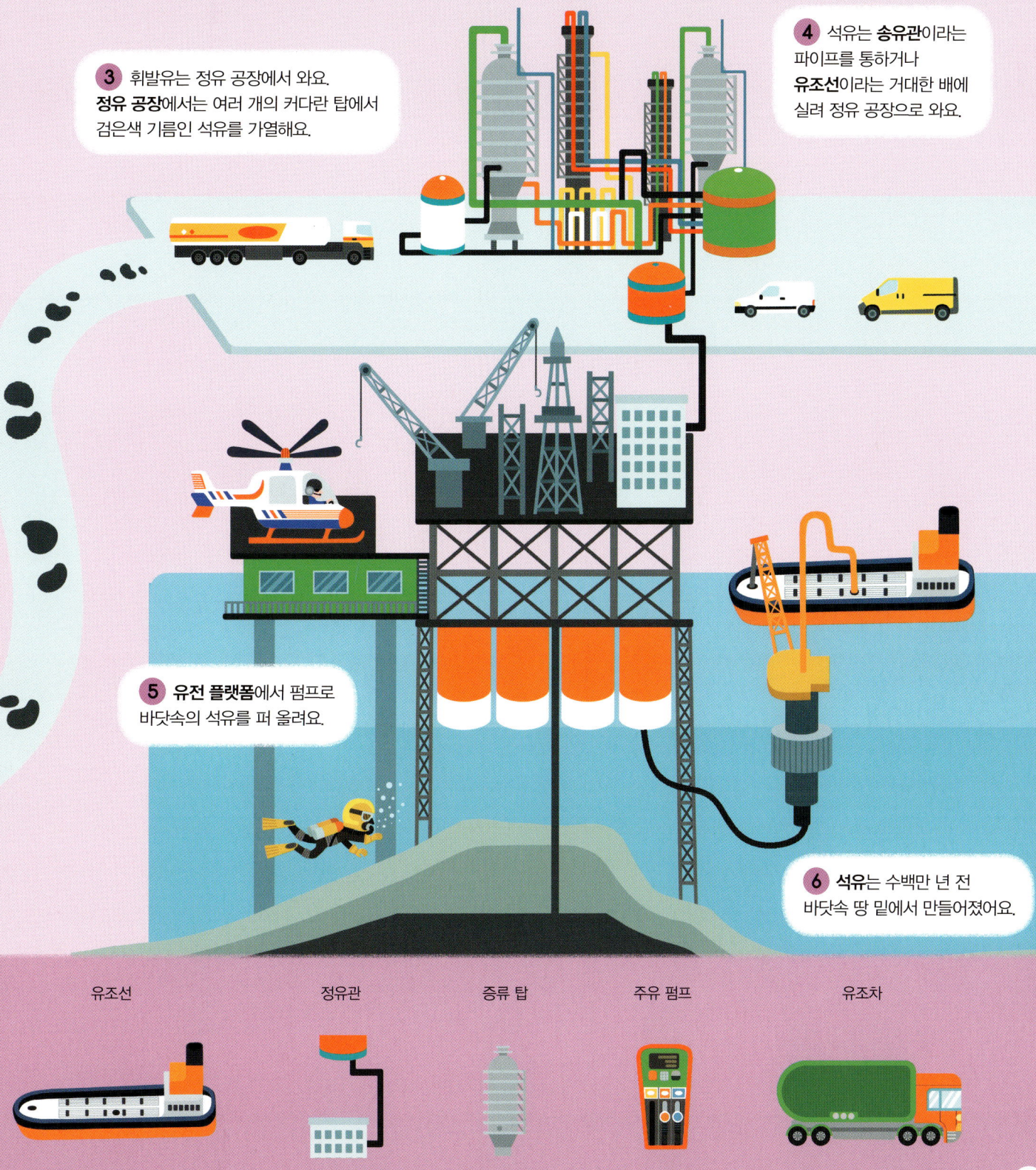

고속 열차를 타고 출발~

고속 열차는 전기를 이용해 매우 빨리 달리는 기차예요.

현수선이라고 하는 이 굵은 전선으로 전기가 흘러요.

1

팬터그래프가 현수선에서 전기를 끌어와요.

2

앗! 열차가 너무 빨리 달려서 놓쳤어요!

4

동력차 밑의 수레에 실린 **엔진**은 기차의 바퀴를 돌리는 **차축**을 움직여요.

차축

앞쪽의 **동력차**는 열차를 끌고
뒤쪽의 동력차는 열차를 밀어요.

커다란 **변압기**가 엔진으로
전기를 보내기 전에 전류를 바꿔요.

열차의 **앞부분이 튀어나와** 있어
열차가 공기 저항을 적게 받고
빨리 달릴 수 있어요.

운전석

퀴즈!

KTX는 시속 300킬로미터로 달릴까요?
3000킬로미터로 달릴까요?

정답 : 300킬로미터

공항에선 어떤 일이?

보안 직원이 승객의 짐에 무기나 위험한 물건이 있는지 확인해요.

관제탑에서는 항공 관제사가 비행기의 이륙과 착륙을 승인해요.

먼 나라로 떠나요!

조종석

통로

활동!

그림에서 다음 물건을 찾아보세요.

보안 검색대   카트    탑승 계단

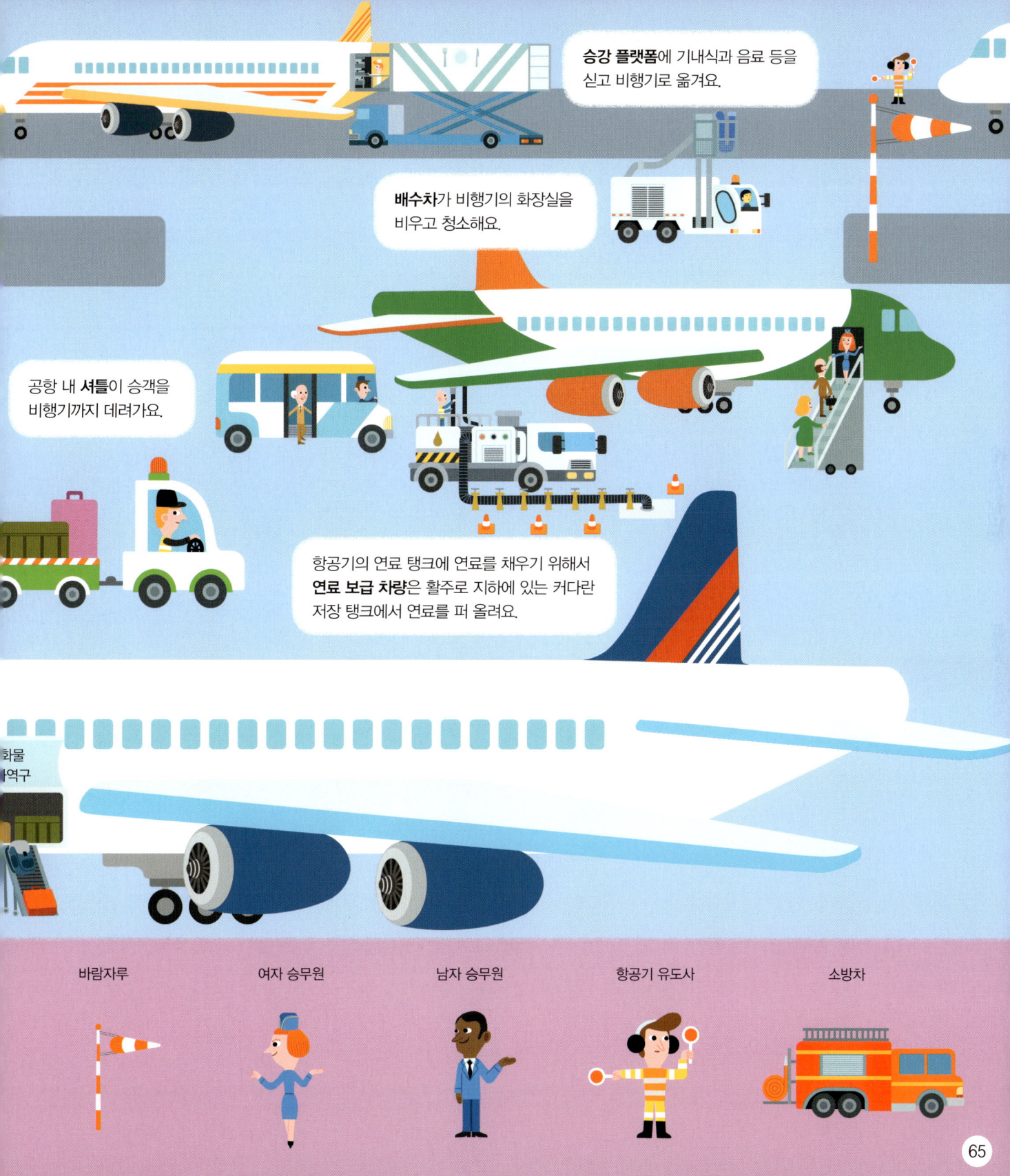

비행기를 타고 여행을 떠나자!

비행기의 연료인 **등유**는 날개에 저장해 둬요.

저런! 종이비행기가 날질 않아요!

착륙 장치는 비행기가 활주로에서 움직일 때 써요. 착륙 장치는 이륙 후에는 접었다가 착륙할 때 다시 펴요.

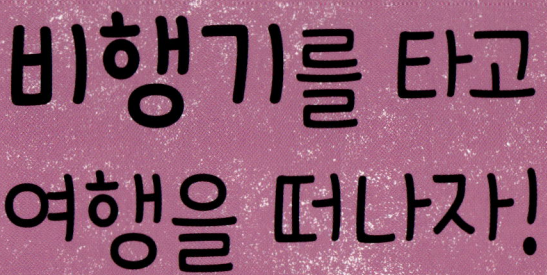

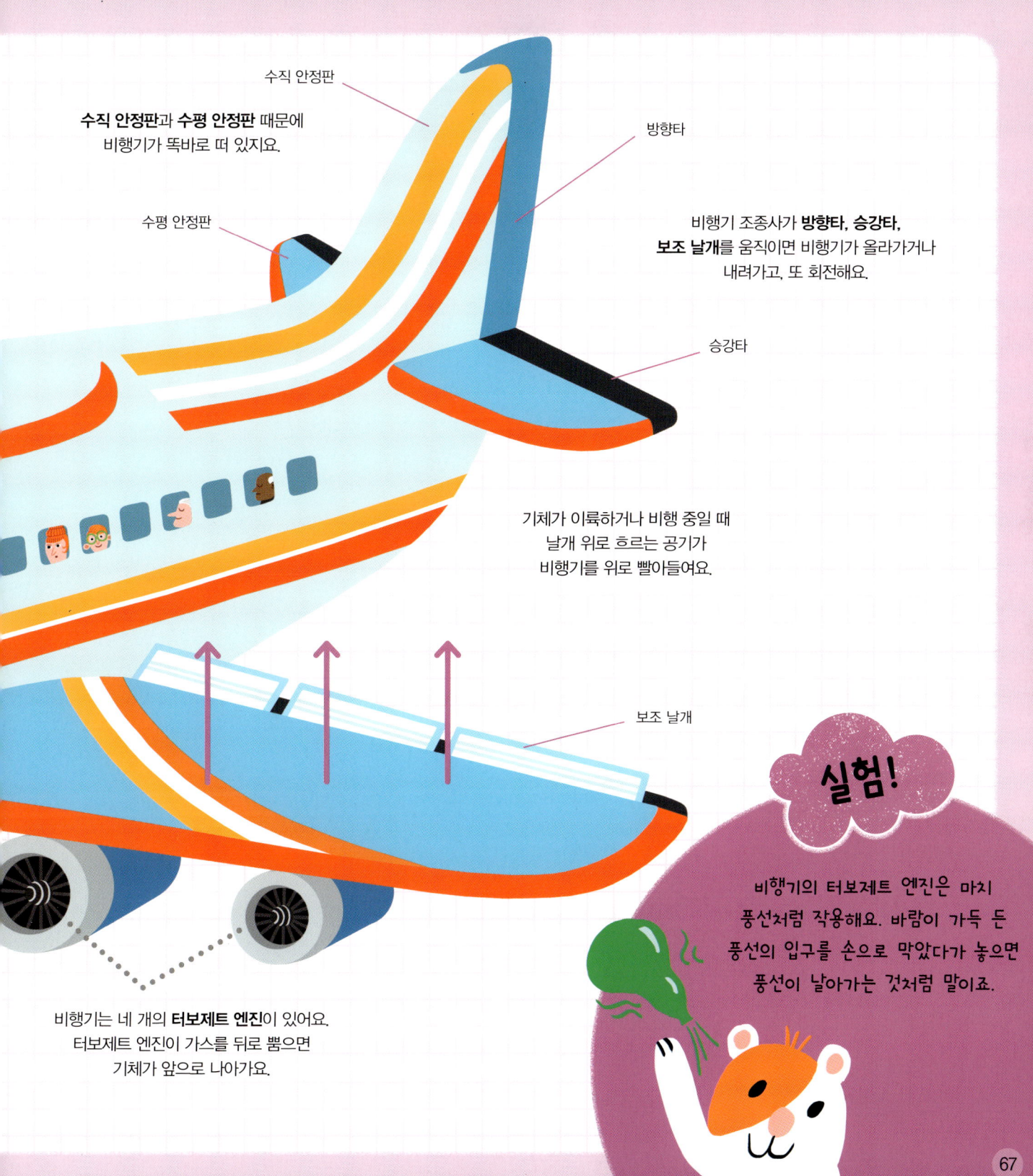

수직 안정판

수직 안정판과 **수평 안정판** 때문에 비행기가 똑바로 떠 있지요.

방향타

수평 안정판

비행기 조종사가 **방향타**, **승강타**, **보조 날개**를 움직이면 비행기가 올라가거나 내려가고, 또 회전해요.

승강타

기체가 이륙하거나 비행 중일 때 날개 위로 흐르는 공기가 비행기를 위로 빨아들여요.

보조 날개

비행기는 네 개의 **터보제트 엔진**이 있어요. 터보제트 엔진이 가스를 뒤로 뿜으면 기체가 앞으로 나아가요.

실험!

비행기의 터보제트 엔진은 마치 풍선처럼 작용해요. 바람이 가득 든 풍선의 입구를 손으로 막았다가 놓으면 풍선이 날아가는 것처럼 말이죠.

67

요트를 타고 항해를 하려면?

요트는 바람을 타야 움직여요! 요트를 조종하려면 항상 바람이 어디서 오는지를 관찰해야 하죠!

1 한 손으로 **방향타의 손잡이**를 잡고 배의 방향을 조종해요.

2 다른 손으로는 **아딧줄**을 잡고 돛의 방향을 조종해요.

큰 돛

방향타

용골

놀이 탐구

책은 어떻게 만들까?

어떤 책을 만들지를 생각한 작가가 자료를 수집해 인물을 만들고 이야기를 써요.

여러 사람이 열심히 일해서 이렇게 재밌고 멋진 책을 만드는 거죠!

저기! 나도 멋지거든요!

③ 책 디자이너가 디자인을 해요.
글과 그림을 배열하고 색을 정하고
글자 모양 등을 골라요.

② 삽화가가 책에 그림을 그려요.
연필로 스케치하고 색을 입혀요.

④ 편집자가 책을 검토해서 잘못된 글자는 고치고,
그림과 글자의 위치도 확인해요.
오케스트라의 지휘자처럼 전체를 조율해요.

⑤ 편집자의 검토가 끝난 후 인쇄공이
빨강, 노랑, 파랑, 검정의 네 가지 색을 입히는
커다란 기계로 책을 인쇄해요.

⑥ 제본사가 인쇄한 종이를 접고 실로 이은 후,
낱장으로 잘라 표지에 붙여요.

퀴즈!

책은 서점에서 팔까요?
서고에서 팔까요?

정답 : 서점

우리가 쓰는 종이가 되기까지

종이는 나무로 만들지요! 어떻게 만드는지 알아볼까요?

❶ 나무껍질을 벗겨서 아주 작은 조각인 나무오리로 만들어요.

❷ 나무오리를 커다란 화로에 넣고 물과 화학 물질을 섞어 뜨겁게 데워요.

이걸 넣으면 펄프가 하얗게 돼요.

❸ 종이를 만드는 펄프가 되었어요. 펄프는 씻어서 더러운 것을 걸러 내요.

❹ 직물로 만든 컨베이어 벨트에 펄프를 펼쳐 놓으면 물기가 밑으로 빠져요.

❺ 롤러가 달린 커다란 기계로 눌러 펄프에 남은 물기를 제거해요.

❻ 뜨거운 롤러 사이로 펄프가 지나가면 건조돼요.

❼ 아주 커다란 종이가 된 펄프를 동그란 심에 감아요.

폐지를 재활용해서 새 종이를 만들 수 있어요.
그러면 나무를 또 벨 필요가 없죠.
이런 걸 재생지라고 해요!

골라, 골라 퀴즈!

종이로 만든 것을 모두 골라 보세요.

봉투

연필

신문

열쇠

화장지

포장 상자

풍선

정답: 봉투, 신문, 화장지, 포장 상자

만화 영화의 그림은 어떻게 움직이는 걸까?

만화 영화 주인공이 어떻게 팔을 위로 올리는지 알아보아요!

❶ 만화가가 첫 장면을 그립니다.
주인공은 팔을 아래로 내린 채 슬픈 표정을 짓고 있어요.

❷ 만화가가 마지막 장면을 그려요.
주인공이 팔을 위로 번쩍 올리고 미소를 짓고 있어요.

❸ 만화가는 처음과 마지막 장면 사이의 그림을 그려요. 그림마다 팔의 위치가 조금씩 달라요.

❹ 이 그림을 모두 컴퓨터에 저장하면 컴퓨터는 그림들을 아주 빠르게 한 장 씩 넘깁니다.

주인공이 팔을 드는 것처럼 보이게 하려면 1초에 24장의 그림을 넘겨야 한답니다.

❺ 마지막으로 그림에 색을 입히고 배경을 그리면 만화 영화가 완성됩니다.

활동 퀴즈!

주인공이 모자를 벗으려면 다음 그림들을 어떤 순서로 놓아야 할까요?

1

2

3

정답 : 1-3-2

신나게 자전거를 타 볼까?

1. **페달**을 밟으면 체인이 돌아가요.

2. 체인이 돌아가면 **뒷바퀴**가 움직이면서 자전거가 앞으로 나가요!

안장

마개

타이어

바퀴 살

체인

손잡이를 오른쪽 혹은 왼쪽으로 움직여 방향을 잡아요.

③

따르릉!

따르릉!

벨

멈출 때는 손잡이의 **브레이크 레버**를 잡아요. 그러면 브레이크 케이블이 당겨져 브레이크 패드가 바퀴를 양쪽에서 눌러 움직이지 못하게 되거든요.

④

브레이크 연결 선

차체

브레이크 패드

타이어 안에는 공기 튜브가 있어 충격을 줄여 줍니다.

퀴즈!

산악자전거는 산에서 탈까요? 바다에서 탈까요?

정답: 산

축구공은 어떻게 만들지?

축구공은 인조 가죽으로 만들어요. 자연에서 구할 수 없는 합성 소재지요.

축구공이 몇 개의 조각으로 만들어졌는지 세어 본 적 있나요? 하나, 둘… 서른두 개예요!

2

오각형
(선분 다섯 개)

육각형
(선분 여섯 개)

인조 가죽 천으로 육각형 20개와 오각형 12개를 만들어요.

3

32개의 조각을 둥글게 굽은 신기한 바늘로 잘 이어 줍니다. 이때 한쪽에 구멍을 만들어 놓아야 해요.

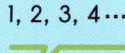

1, 2, 3, 4 …

4

공기 주머니

그래야 공을 뒤집을 수 있거든요. 그리고 안에 공기주머니를 넣은 다음 공기를 가득 채워요.

5

이제 탱탱한 공이 되었어요! 주머니 속의 공기 때문에 공은 계속 튀어 오를 수 있어요.

퀴즈!

축구할 때 공을 발로 차나요?
손으로 튕기나요?

정답 · 발로 차요.

장난감 삽을 만들려면…

끈적끈적한 검은색 액체인 석유로 만들어요.

✺ 석유가 어디서 오는지 알고 싶으면 60쪽을 보세요.

가스
휘발유
나프타

❶ 정유 공장에서 석유를 뜨겁게 데우면 휘발유와 가스, 나프타가 생겨요. 나프타는 플라스틱을 만드는 액체지요.

❷ 나프타를 석유 화학 공장으로 가져가서 엄청나게 커다란 압력솥 같은 기계에서 가열하면

플라스틱 알갱이로 변해요.

❸ 플라스틱 알갱이를 탱크가 있는 화물 자동차에 싣고 장난감 공장으로 가요.

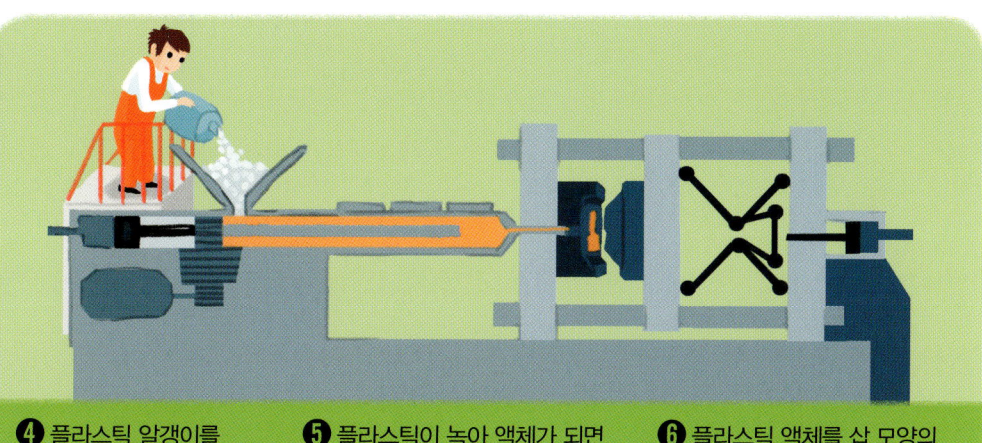

❹ 플라스틱 알갱이를 뜨겁게 데워 염료와 섞어요.

❺ 플라스틱이 녹아 액체가 되면 주사기처럼 생긴 커다란 기계로

❻ 플라스틱 액체를 삽 모양의 강철 틀에 집어넣어요.

❼ 틀에서 플라스틱이 식으며 단단해져요.

❽ 마지막으로 틀에서 삽을 꺼내면 돼요!

이제 모래성을 만들러 갈 거예요!

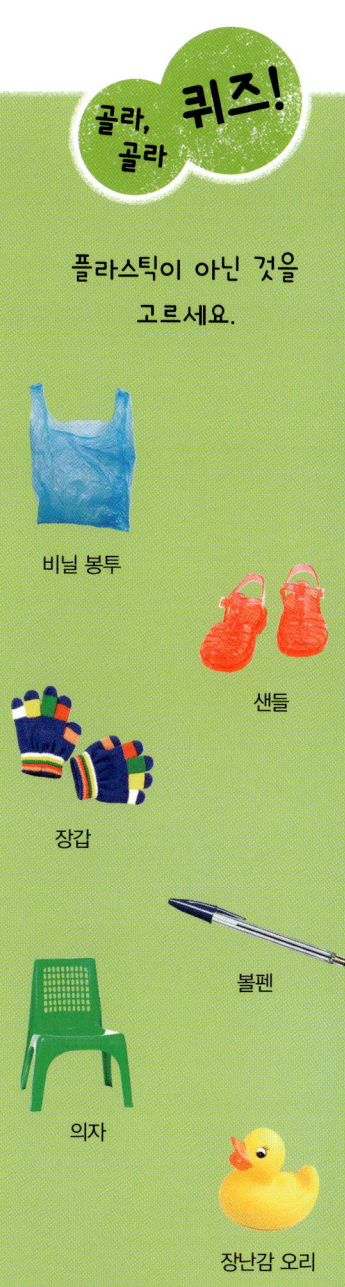

골라, 골라 퀴즈!

플라스틱이 아닌 것을 고르세요.

- 비닐 봉투
- 샌들
- 장갑
- 볼펜
- 의자
- 장난감 오리
- 블록 장난감
- 컵

자동차가 움직이려면?

자동차와 무선 조종기에 건전지를 넣고 자동차 아래에 있는 스위치를 'on'으로 켜요.

무선 조종기는 자동차 한 대만 조종할 수 있어요. 조종기와 차가 하나의 쌍을 이루죠.

무선 조종은 어떻게 할까요?

속도 조종   방향 조종

조종기를 움직여 자동차를 마음대로 다룰 수 있어요. 이때 조종기 작동이 신호로 바뀌어요.

무선 조종기의 안테나가 신호를 보내면 자동차의 안테나가 이 신호를 받아요.

자동차 엔진이 신호에 따라 속도를 높이거나 방향을 바꾸어요.

왜 무선 조종이 안 되나요?

무선 조종기의 전파가 소파에 막혀서 자동차까지 전달되지 않아요.

자동차가 너무 멀리 있으면 전파가 닿질 않아요.

예, 아니오 퀴즈!

진짜 비행기도 무선 조종으로 움직일 수 있을까요?

정답 : 예. 조종사 없이 먼 곳에서 움직이는 비행기가 있고, 드론이라고 해요.

빵은 어떻게 만들까?

반죽 통에 밀가루, 물, 소금과 효모를 넣어요.

밀가루

물 소금 효모

3 반죽을 다시 같은 무게의 **작고 동그란 덩어리**로 나누어요.

1 **반죽기**가 돌아가면서 재료를 잘 섞으면 부드러운 반죽이 돼요.

2 반죽을 둥그렇게 빚어 놓으면 효모 때문에 반죽이 **부풀어 올라요**.

빵을 만드는 **밀가루가** 되기까지

밀가루는 이렇게 생긴 밀 이삭으로 만들어요!

어떻게 만드는지 살펴볼까요?

❶ 여름이 되면 농부 아저씨는 수확과 탈곡을 동시에 하는 콤바인을 타고 밀을 수확해요.

❷ 탈곡기가 밀의 이삭과 알곡을 분리해 알곡은 운반차에 넣고 이삭(볏짚)은 바닥에 버려요.

❸ 아저씨가 밀 알곡을 제분 공장으로 가져가요.

❹ 나쁜 것을 골라낸 후 깨끗이 씻은 알곡을 기계에 넣으면 커다란 두 개의 롤러가 돌아가면서 알곡을 잘게 부숴요.

막 움직이네요!

❺ 가루가 된 알곡이 커다란 체를 지나가면 알곡을 싸고 있던 밀기울이 떨어져 나가요.

알곡을 부수고 체에 치는 작업을 반복해야 곱고 하얀 밀가루를 얻을 수 있답니다.

빵집

❻ 이제 밀가루를 포대에 포장하거나, 많은 양의 액체나 가루 등을 운반하는 트럭에 싣고 제빵사 아저씨에게 배달해요.

골라, 골라 퀴즈!

밀가루로 만든 음식을 골라 보세요.

밥

파스타

사탕

크루아상

칩과 크래커

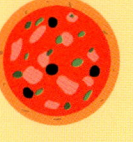
잼

피자

크레페

카카오가 초콜릿으로 변신한다고?

1 저는 카카오나무에 달리는 열매예요. 남아메리카에 있는 브라질이라는 나라에서 태어났지요.

2 다른 열매들처럼 저도 처음에는 꽃이었어요. 꽃이 지고 난 자리에서 조금씩 자라나 붉은색 열매였다가 나중에 주황색으로 변했어요.

초콜릿은 카카오 열매에서 온답니다! 제 이야기를 들어 볼래요?

퀴즈!

초콜릿은 카카오 콩으로 만들까요? 강낭콩으로 만들까요?

맛있는 초콜릿 공장 견학!

초콜릿을 만드는 과정은 꽤 복잡해요!

카카오 콩

1 초콜릿 공장에 도착한 카카오 콩을 **볶아요**.

2 볶은 카카오 콩은 분쇄하여 **껍질을 벗겨 내요**.

3 카카오 콩을 가열해 으깨면 밤색의 액체로 변하는데 이것을 **카카오 페이스트**라고 해요.

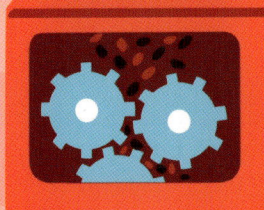

웩! 아직도 써요! 설탕 좀 넣어요!

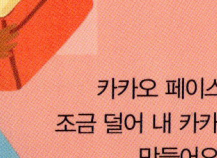

카카오 페이스트를 조금 덜어 내 카카오 버터를 만들어요.

4 **설탕**과 카카오 버터를 섞어요. 대개의 경우 바닐라를 첨가해요.

5 카카오 페이스트는 여러 개의 롤러 사이를 지나면서 **더욱 부드러워져요**.

6 카카오 페이스트를 매우 뜨거운 통에서 며칠 동안 **섞어요**.

카카오 버터 바닐라 설탕

다크 초콜릿

밀크 초콜릿은 우유 가루를 넣어 만들어요.

7 액체 형태의 초콜릿을 판 모양 **틀에 부어요**. 초콜릿이 식으면 딱딱하게 굳어요.

자, 초콜릿이 다 만들어졌어요!

8 초콜릿을 **틀에서 꺼내요**. 이제 포장해서 상점으로 보내기만 하면 돼요.

퀴즈!

우리가 먹는 게 초콜릿일까요? 카카오일까요?

정답: 초콜릿

같이 요구르트 만들어 볼래?

저는 집에서 맛있는 요구르트를 직접 만들어 먹는답니다! 그럼 함께 만들어 볼까요?

❶ 커다란 그릇에 우유를 부어요.

❷ 유산균 가루를 넣어요(유산균은 마트나 약국에서 살 수 있어요.).

❸ 유산균 가루에 있는 두 종류의 균이 우유를 요구르트로 만들어요.

❹ 우유와 유산균을 섞어 유리병에 부어요.

❺ 유리병을 요구르트 제조기에 넣고 따뜻한 상태로 하룻밤을 보내요.

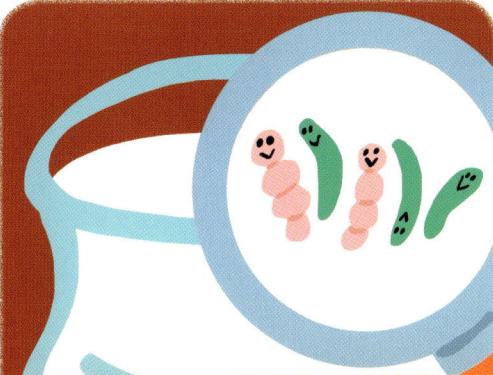
❻ 두 종류의 유산균은 따뜻한 온도에서 계속 개수가 늘어나 아주 많아져요. 그래서 우유가 걸쭉해지고 신맛이 조금 나지요.

❼ 잠깐! 균이 좋아하는 온도는 섭씨 43도예요. 이것보다 더워지면 균은 죽어 버려요. 그럼 요구르트는 못 먹게 되지요.

❽ 다음 날 아침 걸쭉한 요구르트가 완성되었어요. 이제 냉장고에 넣어서 보관해요. 그래야 균이 더 이상 활동하지 못하니까요.

냠냠!

골라, 골라 퀴즈!

우유로 만든 유제품을 모두 골라 보세요.

요구르트

콩테 치즈

비스킷

버터

카망베르 치즈

아몬드 볼

사과 조림

크림치즈

정답: 요구르트, 콩테 치즈, 버터, 카망베르 치즈, 크림치즈

목장

우유는 커다란 저장 탱크로 갑니다. 탱크는 우유를 차갑게 유지해서 상하지 않도록 해요.

일주일에 두 번 운반차가 우유를 실어 우유 가공 공장으로 가져가요.

우유 가공 공장

우유를 아주 높은 온도로 가열해 세균을 죽여요. 그래야 오래 보관할 수 있거든요.

우유를 아주 빨리 돌아가는 기계에 넣으면 크림이 분리돼요.

이 크림을 우유에 다시 넣어요. 크림 양에 따라 일반 우유, 저지방 우유, 무지방 우유가 되지요.

병

이제 우유를 병에 넣어요.

그리고 가게로 가져가지요.

일반 우유 · 저지방 우유 · 무지방 우유

퀴즈!

이 우유는 일반 우유일까요? 저지방 우유일까요? (왼쪽 그림의 색깔을 확인해 보세요.)

정답: 일반 우유

벌통

벌집 구멍

49번 벌이 193번 벌에게 꽃꿀을 주면 193번 벌은 이것을 97번 벌에게 전달해요. 이렇게 꽃꿀은 벌의 입을 거치면서 벌꿀이 되지요.

97번 벌이 꿀을 벌집 구멍에 넣습니다. 구멍에 꿀이 가득차면 밀로 막아 버려요.

꿀 채집

훈연기

벌집 구멍이 모두 꿀로 가득 찼습니다. 벌에게 쏘이지 않고 꿀을 모으기 위해 아저씨가 보호복을 입어요.

아저씨가 벌집에 연기를 집어넣어 벌들을 잠잠하게 만듭니다. 그래야 벌꿀이 가득한 벌집을 문제없이 꺼낼 수 있으니까요.

벌꿀 가공 공장

벌꿀 가공 공장에서 벌집 구멍을 막고 있던 밀을 제거해요.

벌집틀을 원심분리기에 넣고 돌려 꿀을 밑으로 흘러내리게 해요.

꿀을 걸러 병에 담아 팔거나 저장고에 보관해요.

예, 아니오 퀴즈!

벌도 벌꿀을 먹을까요?

정답: 예. 벌은 꿀이 모자랄 때 벌꿀을 먹습니다.

소금은 어떻게 생기지?

1 바닷물을 끌어 들여 논처럼 만든 염전에 가둬요. 태양의 열기로 더워진 바닷물은 점점 줄어들지요. 바닷물이 조금씩 **증발**하거든요.

소금은 이런 염전에서 만들지요! 한번 둘러볼래요?

소금 생산자

2 여름이 되면 물이 더 빨리 증발하고 소금은 **바닥으로 가라앉아요**. 염전에서 소금을 만드는 아저씨가 바닥에서 소금을 **긁어 올려요**.

3 소금을 작은 더미로 쌓아 **물기가 빠지게 해요**.

풉! 물이 엄청나게 짜요!

활동!

그림에서 오른쪽과 같은 것을 찾아보세요.

밀대   뒷부리장다리물떼새   왜가리

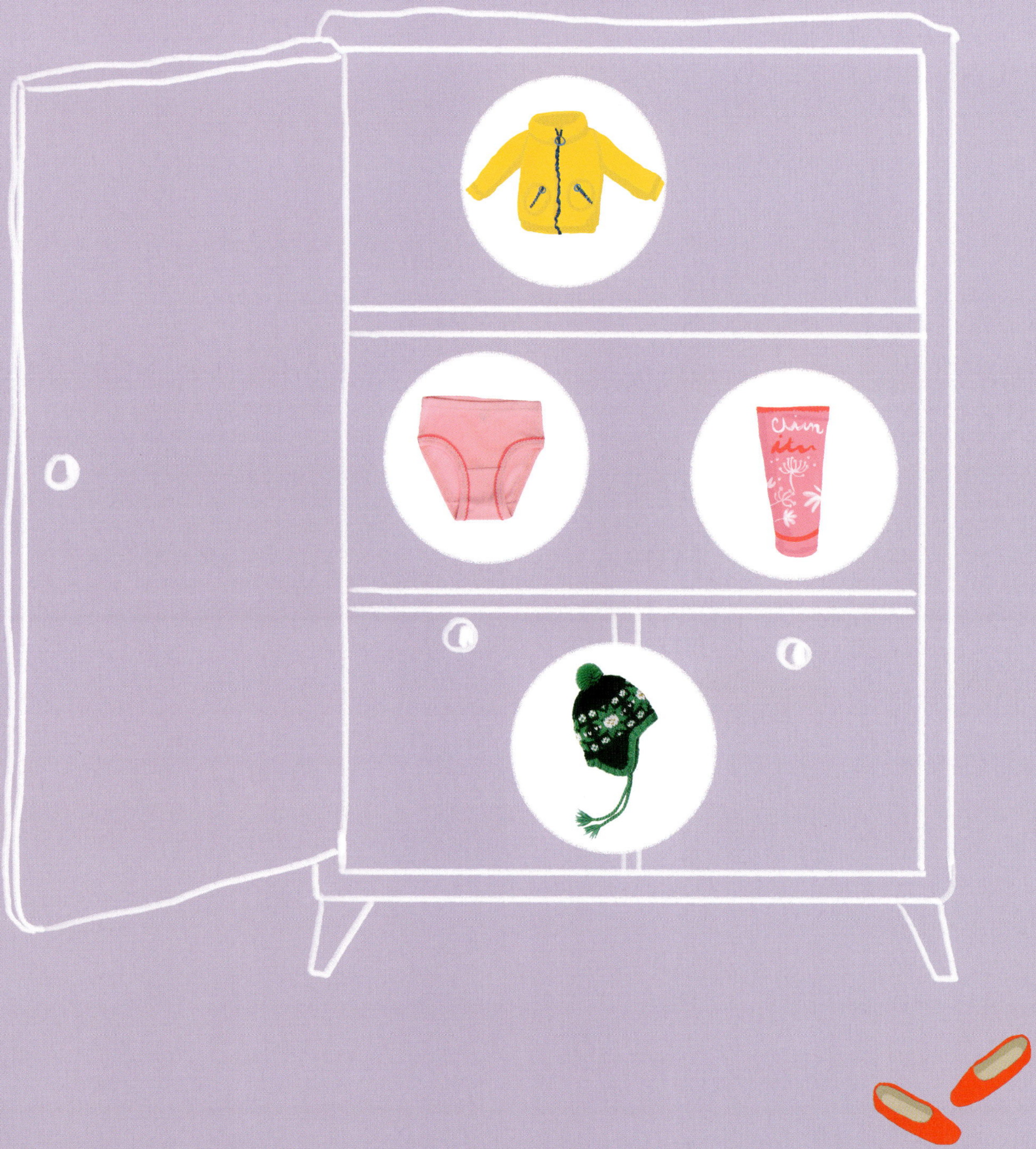

내가 플리스 점퍼를 입으려면?

재활용 수거함에 버린 페트병으로 만들어요!

쓰레기 수거차를 따라가 볼까요?

퀴즈!

플리스 점퍼를 만들려면 페트병 몇 개가 필요할까요?
3개? 27개? 512개?

정답: 27개

❶ 페트병이 재활용 공장에 도착하면 플라스틱만 골라내 잘게 부수어 플라스틱 조각으로 만들어요.

❷ 플라스틱 조각을 녹여 폴리에스터 실을 만들어요.

❸ 직물 공장의 커다란 기계가 폴리에스터 실로 플리스 천을 짜요.

❹ 플리스 천을 빨간색으로 염색하고 롤러로 문질러 부드럽게 해요.

❺ 플리스 천을 자르고 바느질해 따뜻한 점퍼를 만들지요.

플리스 천은 석유로도 만들 수 있어요.

하지만 재활용 페트병을 이용하면 석유를 절약할 수 있지요.

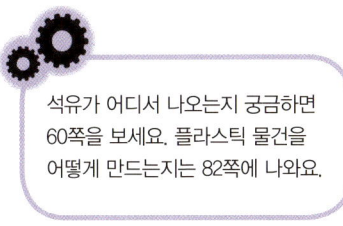
석유가 어디서 나오는지 궁금하면 60쪽을 보세요. 플라스틱 물건을 어떻게 만드는지는 82쪽에 나와요.

109

매애애!
제 털을 깎나요?

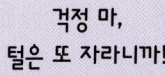
걱정 마, 털은 또 자라니까!

봄이 되면 목장에서 일하는 아저씨가 털 깎는 기계로 양털을 깎아요.

이렇게 깎은 털을 품질에 따라 분류합니다. 엉덩이 털은 별로 좋은 게 아니에요.

짚이나 진흙, 기름을 제거하기 위해 털을 여러 번 깨끗이 씻고 말려요.

핀이 달린 롤러로 양털을 잘 빗어요. 양모의 짧은 섬유는 없애고 긴 섬유만 골라 가지런하게 하는 것이죠.

잘 빗은 양털은 길게 잡아 늘이고 꼬아서 털실을 만들어요.

털실을 염색하고 동그랗게 털실 뭉치를 만들어요.

이제 뜨개질만 하면 돼요!

예, 아니오 **퀴즈!**

앙고라토끼의 털로도 털실을 만들 수 있을까요?

정답: 예.

왜 비누로 씻어야 깨끗해지는 거야?

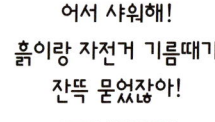
어서 샤워해! 흙이랑 자전거 기름때가 잔뜩 묻었잖아!

당연하죠. 물과 기름은 섞이지 않으니까요!

❶ 물이 흙을 씻어 내요.

❷ 그런데 물이 기름기는 씻어 내지 못하네요.

비누는 아주 특별한 물건이에요. 물도 좋아하고 기름도 좋아하거든요.

기름이 좋아! 물이 좋아!

이것은 비누의 분자예요. 분자는 아주 작은 물질을 말해요.

❸ 그래서 비누칠을 하고 물로 씻어요.

아이코, 잡혔다!

비누의 분자들이 기름기에도 붙고 물에도 붙어요.

❹ 기름기가 몸에서 씻겨 나가네요.

안녕!

비누는 물과 기름기를 데리고 떠나요!

❺ 물로 비눗기를 헹구고 나니 이제 깨끗해졌어요!

골라, 골라 퀴즈!

씻을 때 사용하는 것을 모두 고르세요.

샴푸

물감

세탁용 물비누

샤워 젤

잼

주방용 물비누

정답: 샴푸, 세탁용 물비누, 샤워 젤, 주방용 물비누

사진 출처 : SHUTTERSTOCK

표지_ grille pain © vblinov ; clé © windu ; télécommande © Tatiana Popova ;
téléphone © Nucleartist ; chocolat © Aaron Amat ; abeille © irin-K
p. 8 clé © Julia Ivantsova ; p. 12 fil électrique © pokchu ; p. 18 réfrigérateur © PPart ;
p. 19 steak © Andrjuss ; petits pois © Yvonne Wierink ; beurre © Papkin ; sucette © Elnur ;
p. 21 cafetière © J-Y Loke ; brosse © Africa Studio ; sèche-cheveux © Nordling ;
mixeur © M.Unal02men ; p. 24 cuvette © Keerati ; p. 30 ordinateur © FotoStocker ;
p. 38 barrière © pryzmat ; p. 39 rouleau compresseur © David Touchtone ;
camion benne © Rob Wilson ; camion toupie © StockPhotosArt ; bulldozer © LuckyPhoto ;
p. 44 carte de crédit © M.Stasy ; p. 45 bonbons © Jaimie Duplass ;
p. 50 camion poubelle © Aleksey Stemmer ; p. 51 pot yaourt © Garsya ;
œuf © Igor Kovalchuk ; piles © maxim ibragimov ; arête © Wallenrock ;
p. 52 bouteille © Dima Sobko ; p. 53 bouteille soda © Givaga ;
verre © violetkaipa ; ampoule © Somchai Som ; vitre © Celiafoto
p. 74 buche © Berents ; p. 75 crayon © SeDmi ;
journal © tanuha2001 ; papier toilette © lukethelake ; p. 78 vélo © hamurishi ;
p. 80 ballon © Vaclav Volrab ; p. 82 pelle © Andrew Burgess ;
p. 83 sac plastique © MNI ; sandales © luSh ; gants © AlexSmith ; stylo © designsstock ;
chaise © design56 ; canard © Igor Kovalchuk ; brique Nenov Brothers Images ;
gobelet © Image Point Fr ; p. 84 voiture © xlt974 ; télécommande © Tatiana Popova ;
p. 89 baguette © Lisovskaya Natalia ; p. 90 farine © Studiogi ; blé © Potapov Alexander ;
p. 91 riz © bitt24 ; pâtes © elnave gante ; confiture © de2marco ; crêpe © Malivan-Iuliia ;
p. 92 cabosse © mama-mia ; p. 95 chocolat © photobac ; p. 96 yaourt © mama-mia ;
p. 97 biscuit © antos777 ; camembert © matin ; dragées © Paulista ; fromage blanc © foodpictures ;
p. 98 vache © Smereka ; p. 99 abeille © irin-K ;
p. 107 bonnet © TerraceStudio ; culotte © RtEM ; tee-shirt © Karina Bakalyan ; jean © photonic ;
p. 108 bouteilles © Picsfive ; p. 110 mouton © Randy Rimland ; laine © Madlen ;
p. 111 lapin angora © Eric Isselee ; p. 112 savon © oksana 2010 ; p. 113 peinture © Blinka ;
lessive © Konzeptm ; produit vaisselle © coprid ;

옮긴이 조은미

서울대학교 불어불문학과 및 같은 대학원, 이화여자대학교 통역번역대학원을 졸업했다.
현재 통역과 번역을 하며 이화여자대학교 통역번역대학원에서 학생들을 가르치고 있다.
옮긴 책으로는 《도구와 기계 250 백과》, 《세상의 아이야, 너희가 희망이야》,
《청소년을 위한 경제학 교실》, 《프랑스 문헌학자 모리스 쿠랑이 본 한국의 역사와 문화》 등이 있다.

도구와 기계의 원리

초판 1쇄 발행 2016년 1월 4일
초판 7쇄 발행 2020년 11월 23일

글쓴이 세실 쥐글라 │ **그린이** 마리옹 피파레티, 샤를로트 뢰드레, 멜리장드 뤼트랭제, 뱅자맹 베퀴, 줄리 메르시에 │ **옮긴이** 조은미
발행인 양원석
마케팅 윤우성, 박소정
펴낸곳 (주)알에이치코리아 │ **주소** 08588 서울시 금천구 가산디지털2로 53, 20층(한라시그마밸리)
편집문의 02-6443-8921 │ **도서문의** 02-6443-8800 │ **팩스** 02-6443-8959
등록번호 제 2-3726호(2004년 1월 15일 등록)
ISBN 978-89-255-5801-1 73500

어린이제품 안전특별법 표시 사항
제품명 도서 │ **제조자명** (주)알에이치코리아 │ **제조국명** 대한민국 │ **전화번호** 02)6443-8800
사용연령 만 3세 이상 │ **주소** 서울시 금천구 가산디지털2로 53, 20층(한라시그마밸리)

※ 맞춤법과 띄어쓰기는 국립국어원의 기준에 따랐습니다.
※ 잘못된 책은 구입하신 곳에서 바꾸어 드립니다.
⚠ 책 모서리가 날카로워 다칠 수 있으니 사람을 향해 던지거나 떨어뜨리지 마십시오.

알에이치코리아 홈페이지와 블로그, SNS에서 자사 도서에 대한 더 많은 정보와 이벤트 혜택을 확인할 수 있으며,
전자책도 만나볼 수 있습니다.

홈페이지 http://rhk.co.kr │ http://ebook.rhk.co.kr **페이스북** https://www.facebook.com/rhk.co.kr **블로그** http://randomhouse1.blog.me
유튜브 http://www.youtube.com/randomhousekorea **주니어RHK 포스트** https://post.naver.com/junior_rhk **인스타그램** @junior_rhk